中青年经济学家文库

知识转移机制与企业边界的变化

蔡进兵 著

经济科学出版社

图书在版编目（CIP）数据

知识转移机制与企业边界的变化/蔡进兵著 . —北京：
经济科学出版社，2013.11
（中青年经济学家文库）
ISBN 978 - 7 - 5141 - 4097 - 2

Ⅰ.①知…　Ⅱ.①蔡…　Ⅲ.①企业管理 - 技术转移 -
研究　Ⅳ.①F273.1

中国版本图书馆 CIP 数据核字（2013）第 294408 号

责任编辑：李　雪
责任校对：隗立娜
版式设计：齐　杰
责任印制：邱　天

知识转移机制与企业边界的变化

蔡进兵　著

经济科学出版社出版、发行　新华书店经销
社址：北京市海淀区阜成路甲 28 号　邮编：100142
总编部电话：010 - 88191217　发行部电话：010 - 88191522
网址：www. esp. com. cn
电子邮件：esp@ esp. com. cn
天猫网店：经济科学出版社旗舰店
网址：http：//jjkxcbs. tmall. com
北京密兴印刷有限公司印装
710×1000　16 开　11. 25 印张　200000 字
2014 年 1 月第 1 版　2014 年 1 月第 1 次印刷
ISBN 978 - 7 - 5141 - 4097 - 2　定价：40. 00 元

前　　言

从 20 世纪以来，企业边界在时间纵向维度上发生了明显的变化。在经历了纵向一体化生产的浪潮后，越来越多的企业选择与其他企业合作生产，或者外包有关的生产活动，企业纵向边界从扩张转向逐渐缩小。产业组织理论、交易成本理论及企业知识理论从不同的角度对企业边界的决定进行了分析，但并没有解释为什么在时间纵向维度上企业边界会发生这种"先扩张后缩小"的变化。

知识是影响企业核心竞争优势的最主要因素，因此，知识是否实现向外转移直接决定着企业在相关环节的竞争优势，从而影响企业边界的决定。一些企业知识理论学者基于知识的隐性特性认为当上下游的生产活动涉及知识的转移时，由于知识转移成本高昂，企业一般会选择纵向一体化生产，否则企业会选择从外部采购相关零部件。然而，知识是从完全显性到完全隐性的连续分布，显性程度高的知识相对容易实现向外转移。因此，应综合考虑知识的不同属性对知识转移的影响。同时，知识能否实现向外转移还受到知识源特性、接收方特性以及当时情景等其他因素的影响。然而，即使知识显性程度相对较高以及其他因素充分发挥作用，也只为知识的向外转移提供了可能，使得它更可能以更低的成本实现转移，知识向外转移的实现还必须依赖于各种知识转移机制的作用。

本书主要分析了各种知识转移机制对知识向外转移的影响，以及对企业边界变化的作用。在对影响知识转移的各种因素及知识转移方式、方法进行评述、分析的基础上，提出在区域范围内影响知识转移的机制主要有三类，即人才流动、信息技术和教育培训。本书认为，在时间纵向维度上，随着人才流动的速度越来越快，规模越来越大，知识越容易实现由企业内部向企业外部的转移；信息技术使得各种知识的向外转移越来越容易；教育培训的发展促进了知识的转移。由于三种机制的作用越来越大，知识越能以更低的成本实现更大规模的向外转移，因此，企业边界在时间纵向维度上有缩小的趋势。

通过借鉴现有研究的成果以及自身的分析，分别就三种机制对知识向外转移以及企业边界变化的影响进行了单独分析。在此基础上，本书进一步分析了各种机制的综合性作用，认为这些机制间的相互作用大幅度地提高了它们对知识转移及边界变化的影响。

本书的分析有助于加深对企业边界在时间纵向维度上变化的理解，并在阐述知识属性及其他影响因素与知识转移的关系时拓展了知识转移对企业边界变化的影响研究。通过应用相关数据进行实证分析，弥补了相关分析缺乏实证支持的缺憾。本书在研究过程中也存在一些不足，必须在将来进一步加以研究，如必须综合考虑生产成本与交易成本对企业边界变化的影响，单纯从某一个角度进行分析可能都存在偏颇；对于实证研究中应用的替代变量应进一步考虑，以选取更加合理的指标；应利用大样本量的企业层面的数据进行综合性分析以及行业比较等。

蔡进兵

2013 年 11 月

目　　录

第 *1* 章

绪　　论

1. 1

问题的提出

　　20 世纪以来，越来越多的现代企业的边界经历了由扩张到收缩的过程。学界虽已对企业边界进行了众多分析，但对于企业边界在时间纵向维度上的变化却研究不多，目前也没有形成一种较一致的解释。基于企业边界变化的现实，以及理论研究的不足，本书将从知识转移影响的角度对企业边界在时间纵向维度上的变化进行研究。

　　自 19 世纪中后期到 20 世纪 70、80 年代，现代企业普遍经历了规模扩大的过程，纵向一体化程度越来越高。钱德勒（Chandler，1977）通过对美国 19 世纪中期以来铁路、蒸汽船、电报等主要技术在生产活动中的普遍应用的分析，以及对食品工业、烟草工业、化学工业、橡胶工业、石油工业、机器制造业和肉类加工业中的企业组织演变过程的具体考察，得出了"当管理协调比市场协调产生更高的生产力时，现代多部门的工商企业取代了小规模的传统企业"的结论。他认为，"现代工商企业在协调经济活动和分配资源方面已取代了亚当·斯密的所谓市场力量的无形的手。市场依旧是对商店和服务的需求的创造者，然而现代工商企业已接管了协调流经现有生产和分配过程的产品流量的功能，以及为未来的生产和分配分派资金和人员的功能。"在整个这个时期，就像钱德勒所论述的那样，企业不断取代市场的作用，各种超大规模的企业不断诞生，企业的一体化程度也越来越高①。

然而，自20世纪80年代以来，企业边界经历了"外部化"浪潮②，外包、联盟、全球专业化等中间形态越来越多地被企业所选择，而以一体化为标志的"钱德勒式企业模式"被不断地遭到侵蚀（Lamoreaux et al.，2002）。企业业务的外包活动经过20世纪90年代的快速发展，目前已成为被广为接受的企业战略。虽然缺乏对世界经济中外包业务的详细统计，但毫无疑问整个市场规模巨大，且增长迅速。例如1998年世界贸易组织（World Trade Organization，WTO）的年度报告认为，美国汽车价值的30%来自韩国的装配工厂，17.5%的价值来自日本企业提供的零部件和先进技术，7.5%来自德国企业提供的产品设计服务，4%来自中国台湾和新加坡提供的小型部件，2.5%来自英国企业提供的广告、市场销售服务，1.5%来自爱尔兰公司提供的数据处理服务。这意味着只有37%的产品价值是由美国的本土企业创造的。当前，代工制造业、零部件全球采购的迅猛发展，更是使得制造业外包的规模不断扩大。目前，不仅业务外包的份额在增长，外包业务的范围也在不断扩大。传统的外包业务大多集中于制造业，而近来则迅速扩展到服务领域。从产品设计到产品组装，从研发到营销、分销、售后服务，业务外包已渗入到企业经营活动的各个层面。一些企业甚至已成为虚拟的生产商，除对产品进行设计外自己几乎不生产任何产品。《金融时报》就宣称"将尽可能多的非核心业务外包，已成为新经济的主要特征"（Financial Times，2001）。金融危机中，世界经济遭受重创，到目前为止恢复过程仍然艰难，然而全球服务外包产业却"这边风景

---

① 在1922～1926年，美国汽车行业中外购零部件的价值占整车价值的比重从55%下降到26%（Casadesus-Masanell and Spulber，2000）

② 王珺、侯广辉（2005）提出了"有限外部化"概念，认为自20世纪90年代以来，企业边界逐渐收缩，越来越多地采用联盟、外包等方式进行生产。

独好"。有关资料显示，2008 年，全球离岸服务外包的市场规模达到 4650 亿美元，未来 5~10 年，全球服务外包市场将以 30%~40% 的速度递增。[①] 到 2020 年，全球潜在的服务外包市场需求将达到 1.65 万亿~1.8 万亿美元。[②] 由中国国家工业和信息化部发布的《2009 年中国软件与信息服务外包产业发展报告》显示，2008 年我国软件与信息服务外包产业规模达到 1567.7 亿人民币，同比增长为 41.2%；从企业数量来看，2008 年我国软件与信息服务外包企业数量达到 3600 家，同比增长约 20.0%；从从业人员来看，2008 年我国软件与信息服务外包产业从业人员数量达到 41 万人，同比增长约 36.7%。有分析人士则指出，在国家大力发展软件信息服务业的背景下，我国服务外包产业将迎来极大发展，按过去 5 年年均 30%~50% 的增速发展，到 2015 年年末，规模将突破万亿元人民币大关。[③]

从企业组织形态来看，从大型的、纵向一体化的以及管理支配的企业，发展到小型的、灵活的企业组织模式。詹森（Jensen，1993）认为，美国经济自 1973 年所发生的转型，导致了企业组织发生了转变。以信息技术发展为基础的现代产业革命，使得以福特制为代表的大规模生产方式逐渐失去昔日的主流地位，以灵活性、客户需求为导向、充分利用新的信息技术的精益生产方式成为主流。外包业务的发展以及企业组织形态的变化，对交易成本理论的纵向一体化解释提出了挑战，同时也促进了新的理论的诞生。

针对企业边界的现实变化，不同理论相继做出解释。自 20 世纪 70 年代始，以交易成本作为基本分析工具的交易成本经济学（Williamson，1971）成为解释企业边界的主流理论（Foss and Klein，2005）。威廉姆森

---

① 参见"2010 年全球国际服务外包市场规模将超过 6000 亿美元"，http：//cn. chinagate. cn/experts/2009 - 09/30/content_18636587. htm。

② 参见"分析称软件信息服务外包产业规模将突破 1 万亿"，http：//money. 163. com/11/0617/07/76O1HQJJ00253B0H. html。

③ 同上。

（Williamson，1985）从资产专用性、不确定性及交易的频率三个维度对交易成本进行度量，其中他又特别强调资产专用性的影响，认为资产专用性越强，交易成本越高。在有限理性和机会主义假设前提下，企业为了降低交易成本，倾向于纵向一体化。威廉姆森在对不确定性维度进行研究时，主要强调经济主体"行为"的不确定性，认为由于人的"机会主义"，人的行为在很大程度上是不可预测的。他强调，在其他两个维度不变的情况下，不确定性越强，企业越应该一体化。然而相当多学者认为不确定性，特别是技术创新的不确定性并不鼓励企业选择纵向一体化（Balakrishnan and Wernerfelt，1986；Harrigan，1985；Heide and John，1990）。有的学者（Holmstrom and Roberts，1998）甚至认为，在目前情况下，即使当三个维度都具有很高程度的时候，也不一定导致纵向一体化，而可能更多地采取外包、战略联盟等中间组织形态进行治理。从交易成本理论框架进行分析，发现它并不能解释企业的边界自20世纪以来经历的一个由扩张到收缩的过程。

知识理论从企业是否拥有相关知识、是否具有生产优势的角度对企业边界的变化进行了分析。德姆塞茨分析了产品转移与知识转移的不同效率对企业边界的影响。由于产品相对容易转移，知识具有的隐性特性阻碍了它的顺利传递，德姆塞茨（Demsetz，1991）认为，如果上下游两环节部件的生产不需要知识的转移，则最好采用市场的方式进行治理；如果一个环节的生产需要利用另一环节的知识，则最好采用一体化的方式。康纳和普拉哈拉德（Conner and Prahalad，1996）在他们的论文中也认为，由于被转移的知识具有很高的隐性程度，即使通过个人的观察、学习等方式，它也很难被转移；同时，由于人的有限理性，认知和语言的限制使得人们很难把他所知道的隐性知识（技能、know-how等知识）表达出来，即使能够被描述出来，接受者由于自身的有限理性也很难把它们消化、吸收。因此，企业一般会内部化知识，实行一体化生产。其他一些学者也从知识属性方面对企业边界的选择、变化进行了解释。

虽然这些知识理论学者强调了知识转移效率对企业治理结构的影响，但他们的分析与交易成本理论一样，也是一种静态或者相对静态的分析，只讨论当前知识的转移效率对企业边界的影响，并没有说明企业边界在时间纵向维度上的变化原因。他们认为，知识是隐性的，从而转移困难，并没有考虑不同知识具有不同的隐性程度。对于一些隐性程度不同的知识，转移的困难程度也不相同，对于隐性程度低的知识来说，相对容易转移。① 隐性知识由于具有"黏滞性"（Von Hippel，1994）或难以表达特性（Polanyi，1966），以及它的"情景性"（Nonaka and Toyama，2005），使得它的转移成本很大。相对于隐性程度高的知识，显性程度高的知识由于能够方便地通过文字、语言等表达出来，并可以借助于媒介进行转移，因此它的转移成本较低（Balconi，2002）。因此，不能简单地认为知识转移成本一定很高，或者如"知识溢出"所讨论的知识可以无成本转移，不同知识属性的知识转移成本不同，隐性程度高的知识转移成本高，相反，显性程度高的知识转移成本低。

从时间纵向维度分析，相同知识的隐性程度也会发生变化，原来隐性程度高的知识可能被逐渐显性化，原来转移困难的知识可能当前能够以较低的成本顺利转移。相对于知识属性对知识转移成本的影响，知识转移成本还会受到其他因素的影响。如知识拥有者的特性、知识接收方的特性，以及知识转移时的情景环境等。如果知识源的发送意愿强，知识接收方的吸收能力强，知识转移则会更加容易；同时，如果知识转移双方信任程度高，则知识也会更加容易实现转移。

然而，包括知识属性在内的各种影响因素的作用只为知识的转移提供了可能性，知识转移的实现必须具备转移的途径、方法，要各种转移机制作用的发挥。由于德姆塞茨等人缺乏对各种知识转移途径、方法的研究，

---

① 波兰尼（Polanyi，1962）把知识分为隐性知识和显性知识，认为这两类知识相互补充。野中郁次郎（Nonaka，1991，1995）的 SECI 模型说明了两类知识的相互转化过程，并在相互转化的过程中创造了新的知识。

特别是缺乏在区域范围内影响知识转移的机制研究，因此并不能解释企业的边界为什么会在纵向时间维度方向上发生变化。本书的分析则弥补他们分析的不足。在对知识转移对企业边界变化的影响进行分析的基础上，本书基于对知识转移的影响因素及途径、方法的分析，提出了影响知识转移的三种机制，认为它们作用的发挥促进了现代企业边界在时间纵向维度上经历了一个由"扩张到缩小"的变化过程。

1.2

基本概念的讨论

在德姆塞茨等人观点的基础上，本书的主要目的在于讨论当今社会条件下知识转移机制的作用对于企业边界变化的影响。因此有必要对知识、知识属性、机制及企业边界等相关概念进行界定。

1.2.1 知 识

学界对于"知识"的争论一直不停，何为知识，知识与数据、信息的区别何在，不同的学者有不同的观点。从古希腊开始就有学者对知识进行了研究。柏拉图认为知识是"被证实的信念"，真正的知识是永恒不变、同一、必然的知识，它是一种理性智慧，而不是感性知觉。柏拉图认为，"知识并不处在那些感觉印象之中，却可能处在它们的搜寻之中，"知识包括算术、几何、天文学等。他认为，知识来源于人生来就有的回忆能力，即他把知识等同于先天的知识回忆。柏拉图的学生亚里士多德把一般性的知识分为三类：实践的、创作的、理论的知识。实践的知识只研究行动本身而不管行动的结果，包括伦理学、政治学、经济学和修饰学等；创作的知识是关于材料的塑造和制造的知识，包括诗学等；理论的知识是一种不为其他实用目的只为知识本身的知识，包括数学、自然科学和后来被称为形而上学的第一哲学，他认为这是最高贵的静观知识。与柏拉图的观点不同，亚里士多德认为知识起源于感觉。

后来不断有学者从哲学意义上对知识加以讨论。笛卡尔指出一切知识都是由观念构成的，这些观念一共分为三类：一是通过感官从外界得来的，带着个别性和偶然性；二是人们由理性直观得到的，如数学的、形而上学的公理，清楚明白，无可怀疑，这是一切科学的基础；三是人们凭空虚构的，如飞马之类。他认为，知识只有在原则上可证实时才被认为是有意义的，因此如"飞马"之类的知识则不能成为科学知识。海德格尔认为知识是"真之学"，即哲学。福柯将"知识"看作特殊秩序或图表，通过在《世界之景》中首先使用的"知识图式"展开复杂的生成机制，他视"知识"为未规定的、非主体化的生产过程，认为局部"知识"较之整体"知识"更为真实，或者说"知识"的连续并不具有自明的前提。

本书并不纠缠于知识的哲学讨论，更主要的在于弄清楚作为企业持续竞争力来源的"知识"是一种什么知识。当前有些学者从这个角度对知识进行了阐述。野中郁次郎等（Nonaka et al. , 1995）认为，知识是有充分根据的真实信仰，强调随着人们对真相的追求信仰会不断地作出调整。达文波特和普鲁萨克（Davenport and Prusak，1998）从组织观点认为，知识是一种流动性质的综合体，包括结构化的经验、价值，以及经过文字化的信息。此外，也包含专家独特的见解，为新经验的评估、整合与信息等提供的架构。他认为，在组织中知识不仅存在于文件储存系统中，也蕴含中日常工作、过程、执行与规范当中。扎克（Zack，1999）则从资源的角度对知识进行定义，认为知识是一种策略性资源，且具有不易模仿、难以取得、难以借由增加投资缩短取得知识所需的时间，具有加乘效果、收益递增等特性。

知识与数据、信息不同。达文波特和普鲁萨克（Davenport and Prusak，1998）对三者的特性作了明确的定义与说明。数据是对事件审慎、客观的记录；信息是包括关联性与目标的数据；而知识是一种流动性质的综合体。他们认为，知识比数据与信息价值更高的原因在于它更接近行动。博伊索特（Boisot，1998）认为，数据是在不同的物理状态之间所做出的区分——黑白、轻重等，它们也许向行为主体传达了信息，也许没有传达信息；信息是激活行为主体的那个数据子集——它是由行为主体的感性或理性工具从数据中过滤出来的；而知识是行为主体所掌握的一组概率分布，行为主体用它来指导自己的行动。博伊索特认为，数据是否传达了信息，取决于行为主体先前的知识储备，而随着新信息的到来，行为主体原有的知识或是得以巩固，或是受到修正。一般来说，数据只反映了人们的观察或事实，不依存于具体情景，没有直接的意义；信息来源于数据，具有情景特性；知识则是人们基于信息而产生的信念、价值。

基于上述学者的讨论，结合本书的研究内容，认为知识是一种基于个体或组织积累的信息基础上的信仰，它是企业最重要的资源，具有可积累性。它是企业竞争力的最主要来源，企业为了获取新的知识，或者通过内部研发（或者联合研发）的方式，或者从外部其他主体中转移。

1.2.2 知识属性

为了更好地理解知识，学者们对知识的属性进行了大量的研究，从不同的角度对知识进行了分类，并阐述了不同知识类别的特征。本书的理论根源在于德姆塞茨等学者的观点，他们认为由于知识的隐性特性，因而如果上、下游环节的生产需要对方环节的知识，则企业一般会内部化生产。本书在分析过程中也仍要对知识属性及其影响作用进行分析。因此有必要预先阐述清楚知识属性。

基于不同的知识分类，知识具有不同的属性。普遍观点认为，知识有两类：隐性知识和显性知识，因此知识具有隐性属性和显性知识。知识的分类研究始于波兰尼，他认为个人知识可以分为不同的类型，并具有不同的作用。有的学者在他的分类基础上提出了自己的分类方式，但总体上还是不能脱离"波兰尼痕迹"。波兰尼（Polanyi，1962）强调，个人知道的知识比他所能表达出来的知识更多，个人拥有一些不能描述、不能清晰说明、直觉性的知识。基于这种认识，他把知识分为隐性知识（tacit knowledge）和显性知识（explicit knowledge）。与显性知识相反，隐性知识难以记录、难以形式化，因此必须通过较大的成本才能实现转移。"只可意会不能言传"的知识就是一种隐性程度高的知识。隐性知识潜藏于行动、经验中（Alavi and Leidner，2001），与具体的情景相连，具有特殊的情景意义。野中郁次郎（Nonaka，1991）认为，隐性知识深深植根于行为，是个人对特定环境的责任，这种特定环境表现为一种手艺或职业，一种特定的技术或产品市场，或是工作团队的活动。在野中郁次郎等人（Nonaka，Toyama and Nagata，Nonaka and Toyama，2005）后来的分析中，认为知识存在于"ba"中[①]。野中郁次郎和竹内弘高（Nonaka and Takeuchi，1998）对隐性知识和显性知识的不同进行了总结，如表 1 - 1 所示。

表 1 - 1　　　　　　　　隐性知识和显性知识特征的比较

隐性知识（主观性）	显性知识（客观性）
经验知识（具体）	理性知识（抽象）
即时知识（此时此地）	承续性知识（彼时彼地）
模拟性知识（实践）	数字性知识（理论）

资料来源：野中郁次郎和竹内弘高（Nonaka and Takeuchi，1998）。

其他学者的知识分类方式与波兰尼的分类方式具有密切的联系。安德森（Anderson，1983）把知识分为陈述性知识（declarative knowledge）和程序性知识（procedural knowledge）。温特（Winter，1987）把知识分为简单或复杂的、可教或不可教的、可观察或不可观察的。柯加特（Kogut，

[①]　野中郁次郎等人认为，知识存在于各种"ba"中，并在其中转移、使用，只有"ba"中的主体才能够较好理解"ba"中的知识。野中等人所指的"ba"相当于各种具体的情景、环境。

1992）以知识存在位置的不同，将知识分为认知性知识、关联性知识和自主性生产知识。认知性知识（cognitive epistemology）可储存于电脑、资料库和手册，容易转移组织间或部门间；关联性知识（connectionist episte-mology）是关于专家间专业知识连接的知识，故知识存量取决于网络分子间的互动程度，此种知识难以被外界模仿，易造成持久性的竞争优势；自主性生产知识（antipoetic epistemology）指个人本身所拥有的知识，由于个人无法传授全部知识，故每人具的自主性生产知识都是不同的。柯加特和曾德（Kogut and Zander，1992）认为知识是由信息和技术诀窍（know-how）知识两部分组成。他们认为信息是一种知识，人们能够知道它的结构并能够准确地在不同主体间进行传递；技术诀窍（know-how）知识是一种累积的实践技能或专门技术，它能够使人们平稳有效地完成某事。海德拉德（Hedlund，1994）则把知识分为认知知识、技能及存在于产品的知识。

希丁和谢林（Hidding and Shireen，1998）认为，除了经验知识和正式知识外，还有第三种知识：新兴知识。经验知识来源于人们在工作中的实践经验，因而具有隐性知识的特性，他们认为经验知识就是隐性知识，而正式知识是由许多经验知识深度综合的结果，属于显性知识。新兴知识（emerging knowledge）既不是单纯的隐性知识，也不是单纯的显性知识，它是两者的综合，其隐性的部分存在于一群专家的头脑中。扎克（Zack，1999）则依知识的解释性质不同，将知识分为三种，一是描述性知识（declarative knowledge），它是指对某事件的描述，是大家都明确了解的某些概念、类型和特性，此种类型的知识是组织内有效沟通和分享知识的基础。二是程序性知识（procedural knowledge），它是关于某事件如何发生，或者如何完成某事件的知识，若组织中的每一个人都拥有共同的显性程序性知识，才能有效率地协调组织内的行为。三是成因知识（causal knowl-edge），它是关于为何某件事会发生的知识。显性的成因知识往往蕴含在组织的小故事里，组织中的成员拥有这类知识，组织才能够调整策略，以达到目标。尼尔森（Nielsen，2003）按知识在企业能力中的作用分为特殊性知识（specific knowledge）、整合性知识（integration knowledge）以及配置性知识（deployment knowledge）。

在他们的知识分类中，都可把相应知识归结为显性知识或隐性知识进行了归纳，如表1-2所示。

表1-2　　　　　　　　　　　知识的分类

学者	显性知识	隐性知识
波兰尼（Polanyi，1966）	可表达、记载、描绘或者其他可说明的知识	不可表达的、直觉的和不可说明的知识
野中郁次郎（Nonaka，1994）	独立的、作为对历史的记载而保存下来的知识	认知过程中的连续性活动
斯宾德（Spender，1996）	客观性知识	集体性知识
温特（Winter，1987）	简单的、可传授的、可见的知识	复杂的、不可传授的、不可见的知识
安德森（Anderson，1983）	陈述性知识	程序性知识
莱勒（Ryle，1949）	知道某物存在的知识	知道某物如何运转的知识
海德拉德（Hedlund，1994）	体现在产品、服务或其他人造物品上的知识	体现在人的心理或规则上的认知性知识
柯加特（Kogut，1992）	认知性知识	关联性知识、自主性生产知识
柯加特和曾德（Kogut and Zander，1992）	信息	知道如何做的知识
希丁和谢林（Hidding and Shireen，1998）	经验知识、新兴知识	正式知识、新兴知识
威斯（Weiss，1998）	理性化知识	嵌入性知识（格兰诺维特，1985）
扎克（Zack，1999）	成因知识	描述性知识
尼尔森（Nielsen，2003）	特殊性知识	整合性知识、配置性知识

资料来源：根据相关资料整理获得。

有的学者还专门对隐性知识的分类做了研究。野中郁次郎（Nonaka，

1994）还认为隐性知识同样可以从认知和技术两方面理解。他认为认知性的隐性知识是更重要的维度，包括个体心中根深蒂固的、通常被视为理所当然的图表、心智模式、信念和认知识等；技术性的隐性知识是指具体情景下的 know-how 知识、工艺、技能等，如一位技艺高超的工匠在长期的实践中积累的大量的"存在于指尖"的专门技能。

除了基于隐性知识及显性知识的分类外，还有不少学者把知识分为通用性知识（general knowledge）和专用性知识（specific knowledge）（Demsetz，1988；Jensen and Meckling，1995；Breschi，Malerba and Orsenigo，2000）。专用性知识具有情景专用性，适用于某项具体活动；相反，通用性知识一般不依附于特定的事件。通用性知识相对容易被编码，从而有利于转移；专用性知识的编码则需要把特定情景描述清楚，才能有利于知识人们对知识的共享。布莱斯、麦勒芭和奥森尼戈（Breschi，Malerba and Orsenigo，2000）认为专用性知识是关于特殊应用的知识，它是应用科学研究的结果；通用性知识具有广泛适用性，是基础科学研究的结果。专用性知识与通用性知识的分类与隐性知识及显性知识的分类具有很大的相似性。专用性知识具有情景专用性，只适用于某项工作，因此它一般是隐性的，很难进行转移，通用性知识则由于它具有可编码性，因此具有显性化知识的特征（Jensen and Meckling，1995）。

知识的分类方式虽然多种多样，但大多数学者还是从隐性知识和显性知识两种类别对知识进行研究，其中一些学者为了研究的方便可能对不同的知识类型有不同的名称，但基本上都可以归纳为隐性知识或者显性知识。本书也把知识分为隐性知识和显性知识两类，认为知识存在隐性和显性特性，同时这两类知识又包含着不同的知识类型，如表 1-2 中所归纳的各种知识。但在分析过程中本书并不认为知识就只有完全隐性和完全显性两种，而是把知识从完全显性到完全隐性看着一个连续的过程。

1.2.3　机　制

本书主要研究知识转移机制对知识转移以及企业边界变化的影响，为了更好地把握本书的思想，以免引起混乱，因此有必要对机制进行定义。

一般认为，机制原指机器的构造和动作原理，生物学和医学通过类比借用此词。生物学和医学在研究一种生物的功能（如光合作用和肌肉收缩）时，常说分析它的机制，这就是说要了解它的内在工作方式，包括有关生物结构组成部分的相互关系，以及其间发生的各种变化过程的物理化学性质和相互联系。阐明一种生物功能的机制，意味着对它认识从现象的描述进入到了本质的说明①。《现代汉语词典》对"机制"的解释是，泛指一个系统中，各元素之间的相互作用的过程和功能，可以指有机体的构造、功能和相互关系，也可以指某些自然现象的物理、化学规律，一般多用于自然科学。用于社会科学时，可以理解为机构和制度。"机制"一词，在英语中为"Mechanism"，它有几种解释，一是机械装置、部件、结构；二是机械和机能的互相作用过程；三是各种手法、技巧，或者途径。② 对于社会科学而言，人们常把经济学、社会学研究的某些规律用"机制"一词表述。机制按照一定的规律自动发生作用并导致一定的结果；它不是最终结果，也不是起始原因，它是原因转化为结果，是期望转化为行为的中介；它同时制约并决定着某一事物功能的发挥，没有相应的机制，事物的功能就不能存在或不能更好地发挥。从各种定义可以知道，机制既指各部分的相互关系、相互作用，也可以指作用的途径。在本书的分析中，"机制"主要指作用的途径、方法。

从机制的定义可以知道，知识转移机制是指在知识转移过程中使用手

① 《辞海》，上海辞书出版社 1979 年版。
② 《现代英汉词典》，外语教学和研究出版社 1990 年版。

段、工具、方式、方法的统称，它主要在于揭示知识转移是通过何种方式在不同成员之间实现转移的。从目前的研究来看，很多学者对于知识转移的机制进行了研究，在本书第3章也将对部分研究进行评述。阿普尔亚德（Appleyard，1996）从知识可获得性和使用方式角度对知识转移机制作了分类，一是公共知识的转移机制，如使用各种技术文件等；二是可获得性私人知识的转移机制，如部门访问等。英克彭（Inkpen，1996）则把知识转移机制分为知识共享协议、合资企业与母公司间的人际互动、建立战略性连接、双方人员暂时或永久性的轮换。国内一些学者也对知识转移机制进行了研究。关涛（2005）在对跨国公司内部知识转移进行研究时把知识转移机制分为两类，第一类是以文字编码传播或嵌入工具形式进行的知识转移，如跨国公司内部文件交换等，即初级转移机制；第二类是以人际互动或嵌入惯例、规则等形式的知识转移，如工作轮换等，即高级知识转移机制。疏礼兵（2006）把研发团队内部知识转移方式归纳为"文档传递"和"人际互动"两种典型机制。

在本书的分析过程中，对于知识转移机制与知识转移的途径和方法并没有进行区分，只是为了论述的方便，把现有研究跨国公司内部、战略联盟内部以及企业合并过程的知识转移的机制仍称为知识转移的途径和方法，而把本书对知识在社会范围内转移的研究称为知识转移机制。

1.2.4 企业边界

企业边界问题一直是企业理论研究的核心问题，大量的学者对企业的纵向一体化、横向一体化、专业化、战略联盟、外包等现象进行研究。企业边界问题最早源于科斯（Coase，1937）的研究。在那篇文章里，他认为当在企业内组织一项交易的成本等于通过公开市场进行同一交易的成本时，企业的边界达到了均衡。科斯这里所讨论的边界只是"效率边界"，学者对于企业边界的概念还有不同的看法。哈特（Hart，1995）根据资产所有权来定义企业边界，然而理查德森（Richardson，1972）却把企业边界看着一个网络，认为企业的边界范围超出了所有权范围，与企业的各种社会网络连接在一起。威廉姆森（Williamson，1985）则将企业边界定义为企业的影响范围。

桑托斯和艾森哈特（Santos and Eisenhardt，2005）在基于前人讨论的基础上，将企业边界从四个方面进行讨论：效率（efficiency）边界、权力（power）边界、竞争力（competence）边界和身份（identity）边界，分别对应着不同的研究对象：交易（transactions）、影响范围（sphere of influence）、资源组合（resource portfolio）和思维模式（mind-set）。（1）作者认为效率边界研究主要关注交易成本、信息成本（information cost）、知识的协调成本（coordination cost of knowledge），并更多地用于讨论纵向一体化问题。（2）权力边界研究主要讨论组织成员怎样控制与它们有联系的直接或间接交易。这种研究源于资源依赖理论，它不但强调通过所有权来对企业进行控制，同时强调通过联盟、合作等形式对不享有所有权企业进行影响。（3）能力边界研究把组织看作一束独特资源的集合，它的边界是"组织资源与外部环境机会相匹配"而动态决定的。对于组织来说，其有动力和责任去利用其所拥有的资源去获取这种竞争优势。此时，组织边界均衡点应在"能够最大化企业资源组合价值"点上，边界的决定就是组织资源组合的选择。（4）身份边界研究涉及组织成员如何从整体上定义组织，涉及组织是"谁的"问题，即成员的身份认同以及成员间的交往，以及企业与其利益相关者间的关系。通过影响成员对组织业务的理解，身份可以引导企业决定价值链的哪些环节应在企业内部实现，哪些环节可以通过市场实现。

国内学者对企业边界的类型也进行了大量的研究。尹义省（1999）将企业边界分为四类：企业的规模边界、企业的交易边界、企业的制度边界及企业的社会边界。企业规模边界是指企业一种特定产品有效产量范围（"域"），不存在规模经济的最优点。企业交易边界是决定企业的生产和活动在整个投入产出链中所占的有效边界，企业交易边界可在一个较大的域内变动。企业的制度边界是在特定的经济发展阶段和一定的国度中，企业选择组织模式或制度结构的有效范围。企业的社会边界是指应由企业承担的有效权责范围及其与政府和其他组织之间的权责划分边界。尹义省认为，企业的这四类边界相互影响。杨瑞龙、冯健（2003）则从企业的能力角度来定义企业的边界，认为如果企业的活动超出了其能力，那么企业就只能选择外部购买的方式。曾楚宏、林丹明（2005）把企业边界分为企业的规模边界和能力边界。企业规模边界是企业边界的显在表现形式，是由有形资源如土地、劳动、资本等所确定的规模边界，它体现了一家企业生产什么、生产多少的问题，又可分为纵向边界和横向边界两部分。企业的边界取决于（内部生产成本 + 协调成本）与（外部生产成本 + 交易成本）的比较。由于外部生产一般是专业化生产，享有规模经济优势和学习曲线优势，外部生产成本一般小于内部生产成本（Afuah，2003），因此交易成本就是企业边界决定的一个重要因素。企业能力边界是由无形资源如知识特别是隐性知识所确定的能力边界。曾楚宏等人认为，无论是交易费用理论对纵向边界的分析还是新古典经济学理论对横向边界的分析，都有一个共同的前提假设，那就是企业开展的活动没有超越其能力范围。

　　本书将主要讨论科斯及其他学者所研究的企业效率边界，这与当前主流的边界分析相一致。现实中大量的"自制或外购"决策以及"外包"现象都与企业的这种边界定义紧密相关。我们假定，如果企业从外部购买中间投入品，而不是自己生产，即认为企业边界的缩小；反之即为边界的扩张。由于外包表现为企业将价值链上的某项环节给外部企业实施，企业自身从事的中间环节减少了，当外包的程度越来越大，则企业边界逐渐缩小，因此，在本书的分析过程中并没有严格区分"外包"和"边界"，在文中有的地方可能会借用外包这个词来代表边界，用外包的增长来说明企业边界的缩小。

1.3

本书的研究思路、研究意义及研究方法

1.3.1　本书的研究思路

知识是企业竞争优势的最主要来源。企业外包某项生产活动与否取决于企业自身与外部企业的生产优势比较。当知识还没有被转移出去，只有企业自身拥有相关知识时，企业会内部化生产；当知识被转移出去，且由于外部企业的专业化生产优势，企业会外包相关业务活动。不但知识属性等因素会对知识的成功转移产生影响，同时各种转移机制也会产生影响。显性程度高的知识转移成本低，容易转移，然而并不等于它一定能够实现转移，只有在转移机制产生作用时，它才能成功的转移。隐性程度高的知识要实现转移，更加依赖于转移机制的作用。20 世纪 70、80 年代以前，显性化知识的需求一直存在，其他因素也在发挥着作用，从而降低了知识的转移成本，但由于受到人才缺乏流动、信息技术落后以及教育培训相对落后等影响，知识的流动、转移速度很慢，甚至不发生流动。因此，外部企业可能并不具有零部件生产的相关知识，或者相对于外部企业，企业自身知识更加丰富，具有更大的竞争优势，并不会外包零部件的生产。人才的大规模流动、信息技术的发展、教育培训的发展，使得知识的大规模迅速转移成为可能，它们的共同作用促进了知识大规模的流动和转移，导致企业某些零部件的生产与外部企业相比较不具有竞争优势，因此企业必然外包某些业务。现有的企业知识理论在解释企业边界选择时强调知识属性的影响，本书认为：（1）知识的显性化程度的提高以及其他影响因素的作用只是为知识转移提供了可能性；（2）人才流动、信息技术、教育培训等知识转移机制的作用为知识的成功转移提供了现实条件。

（3）由于知识转移机制的作用，促进了知识的向外转移，从而使现代企业经历了由纵向一体化到外包相关生产活动的过程，企业边界由"扩张到缩小"。

1.3.2　本书研究的意义

本书研究具有重要的理论及实践意义。首先，有助于拓宽对企业边界动态演变的理解。企业边界问题一直是企业理论研究的核心问题，并取得了众多的研究成果，但对企业边界在时间纵向维度上的变化并没有给予更多的关注，缺乏相关的研究成果。首先本书通过把影响知识转移、流动的转移机制引入分析的框架，在阐述它们对知识转移作用的同时解释了企业边界为什么在时间纵向维度上会产生变化，弥补了现有理论分析的不足。其次，本书进一步分析了这些机制的共同作用对企业边界变化的影响作用，为弥补现有相关研究缺乏实证研究的缺憾作出自己的努力。同时，本书也具有较大的实践意义。企业的边界决策需要不断地进行调整，通过对这个问题的研究，可以更好地为企业的边界选择提供指导，有助于企业决策什么部件该纳入企业内部生产，什么部件该从市场上购买，从而更好地提高企业竞争力。

1.3.3　研究方法

本书采取定性研究的方法，对企业边界在时间纵向维度上的变化进行解释说明。企业基于生产优势比较决定自身的边界，本书在分析知识转移对企业竞争优势以及企业边界变化影响的基础上，认为知识的成功转移受到知识自身属性等因素以及转移机制的影响，前者为知识转移提供可能性，后者为知识转移提供现实途径、方法，从而从知识转移的可能性及现实性两个方面对企业边界的变化进行分析。

同时，本书还采用实证分析的方法对理论进行相关检验。通过理论分析，选取相关变量的替代指标，然后从各种数据库获取所需的二手数据，并采用 Eviews 分析软件进行了回归分析，对本书的相关理论进行了验证。

1.4

本书的结构及主要内容

根据本书的分析逻辑及框架，文章共有 8 章构成。

第 1 章是绪论。这一部分主要根据现实中企业边界的变化及相关理论解释的不足，提出本书研究的问题：知识转移机制在企业边界变化中扮演着一个什么角色；对本书要涉及的几个概念进行了界定，以免在分析过程中引起混淆；同时对本书的研究思路及意义进行了交代。

第 2 章是相关文献回顾及评述。针对现有对企业边界进行研究的文献，分别从产业组织理论、交易成本理论、企业知识理论三个方面进行了回顾及评述，并在此基础上认为要解释企业边界在时间纵向维度上的变化，必须充分考虑各种知识转移机制的作用。

第 3 章是知识转移机制对企业边界影响的分析框架。一是对知识转移为什么会影响企业边界的变化进行了分析，即认为知识的转移影响了企业间竞争优势的对比，导致企业会选择不同的边界范围。二是分析了影响知识成功转移的因素以及这些因素在促进知识转移时的不足。三是分析了知识转移的途径、方法。四是提出了在地区范围内影响知识转移的三种机制，即人才流动、信息技术以及教育，认为这些机制在时间纵向维度上的发展变化促进了知识的大规模转移，从而影响了企业边界的变化，并在此基础上提出了本书的综合分析框架。

第 4 章至第 6 章分别论述了三种机制对企业边界变化的影响。第 4 章分析了人才流动对企业边界变化的影响。阐述了人才流动的内涵以及目前人才流动的规模，分析了促进人才大规模流动的因素及人才流动的实现方式，认为随着人才的大规模流动，促进了知识的转移，导致企业边界有缩小的趋势。

第5章分析了信息技术发展对企业边界变化的影响。分别分析了信息技术发展和大规模使用对知识显性化以及知识获取效率的影响，认为信息技术的发展和使用为知识转移提供了便利，从而更可能导致企业边界的缩小，并通过现有的实证分析论述了这两种机制的作用。

第6章分析了教育培训发展对企业边界变化的影响。分析了教育培训如何促进知识的转移以及对企业边界变化的影响，并在理论分析的基础上，利用上市公司的有关数据验证了理论分析的结果。

第7章对三种机制的共同作用进行了分析。在本章的第一部分，主要分析了在知识转移的情况下企业边界如何发生变化。第二部分对不同机制的相互影响及综合作用进行了分析，即人才流动与信息技术的共同影响、人才流动与教育的共同影响、信息技术与教育的共同影响。第三部分利用相关数据就三种机制的共同作用进行了实证分析。

第8章为结论。在这一部分，简单地对本书的研究结论以及创新进行了总结，并提出了本书研究存在的问题以及将来进一步研究的方向。

第2章

相关文献回顾及评述

在研究企业纵向边界的相关理论中，主要有新古典经济学中的产业组织理论、交易成本理论以及企业知识理论。产业组织理论主要从市场结构方面对企业的一体化行为进行分析。交易成本理论和企业知识理论的形成、发展，为现代企业理论的形成、发展提供了理论基础。现代企业理论有三大核心问题：企业的存在、企业边界的决定以及企业内部组织（结构）（Hodgson，1998；Foss and Klein，2005）。科斯（Coase，1937）的研究，从"交易成本"的角度首先对企业理论的三个核心问题做出了回答。自20世纪60、70年代以来，以交易成本为分析工具的交易成本经济学和产权经济学成为解释企业边界变动的主流理论（Foss and Klein，2005）。近来，交易成本解释的主流地位不断地受到挑战，有从交易成本理论框架内部提出质疑，认为有的解释因素可能并不能很好地解释企业边界的变化①；有的认为并不能只考虑企业的交易成本，企业更是生产单位，边界的决定更应考虑生产效率（Grant，1996；Spender，1996）。他们认为，企业的生产效率受自身所拥有的知识的影响，知识是影响企业生产成本最重要的因素，并提出了企业的知识理论分析框架对企业理论的相关问题进行解释。现实中，企业是个生产单位，同时它必须与外部进行交易，企业所

---

① 具体可见一些对交易成本理论实证文献进行综述的评述性文章，如大卫和汉（David and Han，2004）在文中就交易成本分析框架对企业边界变化解释的实证文献进行了综述，从中可以发现交易成本三维度的解释力并不如想象中高，在很多分析中并没有得到实证的检验。

具有的生产优势会对自身的边界选择产生影响，而企业在交易过程中所可能发生的交易成本也对它的边界选择产生作用，因此在研究企业边界选择时必须综合考虑企业的生产优势及交易成本的大小。

本章将分别对产业组织理论、交易成本理论及企业知识理论中关于企业纵向边界的研究进行梳理及评述，找出它们理论分析的不足，在此基础上引出进一步分析的视角及思路，并提出自己的分析框架。

2.1
产业组织理论与企业边界

产业组织理论的理论核心并不在于对企业一体化与否进行分析，并对一体化现象进行解释，但它从市场、产业角度对企业边界作出了分析。产业组织理论认为，无论是企业的横向扩张还是一体化，前提必须是相互间有技术上的依赖性，否则没有必要选择这个策略。基于这个前提，产业组织理论主要从两个方面对企业的纵向一体化行为进行解释，一是市场的"缺陷"促使了企业的一体化行为；二是在行业发展的不同生命周期企业会决定是否实施一体化行为。

在完全竞争的市场上，各个企业都不可能获得竞争优势，都不能通过竞争获得经济利润。现实中市场的非完全竞争性，使得企业可以通过竞争占据市场上的有利地位。泰勒尔（Tirole，1988）认为，为了规避上游企业的垄断高成本，企业必须实施一体化战略。上游企业在具有相应产品上的垄断地位时，它们可能通过提高价格的方式获得更大的利润，从而导致下游企业成本上升，削弱了企业的市场竞争力。企业为了克服成本劣势，可以通过新建企业的方式进入上游行业，或者通过兼并在位企业的方式进入上游行业，实行一体化战略。企业纵向一体化还有利于企业采用价格歧视的方式获取竞争优势（Perry，1978）。企业可以主动根据不同消费者的需求、消费能力等因素采取歧视定价策略，以尽可能多地获得利益，从而在企业进一步的发展中占得先机。有的学者还认为，企业通过采取一体化方式可以提高市场进入的门槛，拒对手于市场外，从而保持自身在市场上的垄断地位（Aghion and Bolton，1987）。针对企业的前向一体化行为，如一体化销售商、零售商，产业组织理论认为这是由于销售商存在着"搭便车"的行为（Mathewson and Winter，1986）。如果某一个销售商加大投入但其他销售商存在"搭便车"行为，它的投入将得不到相应的回报，很大一部分收益将被其他销售商获得，从而抑制了销售商的投资积极性，影响了企业的利益。为了抑制销售商间的"搭便车"行为，企业只有一体化它们，把它们全部纳入企业内部，由自身直接控制。

市场的"缺陷"还表现在市场需求及供给的不确定性上。受市场需求的不确定，企业对上游投入品的需求同样具有不确定性，如何满足自身对投入品的需求就是企业必须要面对的问题，同时，市场上投入品的供给自身也带有不确定性。为了预防不确定性对企业利益损害，企业必须一体化上游投入品生产企业（Arrow，1975；Carlton，1979；et al.）。卡克顿（Carlton，1979）认为，企业纵向一体化是因为一体化能够满足自身对投入品的不确定性需求。钱德勒（Chandler，1964）从历史的角度证实了规避市场的不确定性是企业纵向一体化的一个重要原因。

产业组织理论除了从市场"缺陷"角度对企业纵向一体化行为进行解释外，有的学者还强调行业发展的不同生命周期对企业一体化选择的影响。基于亚当·斯密的观点，认为劳动的分工受限于市场规模，当行业处于发展初期时，整个市场需求小，市场范围较窄，不足以支撑中间品的外部企业专业化生产；当产业成熟时，市场越来越大，外部企业专门从事中间品的生产也能够生存、发展，且外部企业享有专业化和规模经济优势，企业越来越多地选择外包，而不在一体化生产。施蒂格勒（Stigler，1951）认为，在产业发展的不同生命周期里，企业会选择不同的一体化策略。在行业发展初期，企业一般会一体化生产，而当产业成熟时，企业更多地选择外包策略。施蒂格勒的观点也得到了其他一些学者的赞同，埃伯菲尔德（Elberfeld，2002）认为，只要不存在进入限制，施蒂格勒的观点就是正确的。

产业组织理论虽然对企业边界的选择作出了解释，但解释力度却很有限。它认为企业一体化是没有成本的，即企业没有内部组织成本，因此只要市场存在任何的"缺陷"企业都有激励纵向一体化以解决市场的不足。这是"市场的'缺陷'导致企业一体化"观点的理论基础。按照这个理论逻辑，在目前市场更不完全的情况下企业的一体化程度应更高，但这与现实明显不符。同时，产业组织理论仍然把企业看作"黑箱"，没有考虑企业的异质性，也没有考虑市场运作的成本，因此与现实有明显的差距，导致它的理论解释力度的不足。交易成本理论考虑了市场交易成本对企业边界的影响，相对产业组织理论解释力更强。下一节将对交易成本理论解释进行评述。

2. 2

交易费用理论与企业边界

科斯（Coase，1937）首先提出了交易成本的思想，并从交易成本的角度对企业的边界问题进行了研究。科斯（Coase，1937）强调，"企业将一直扩张，直到再在企业内组织一项交易的成本等于通过公开市场上的交换方式进行同一交易的成本或在另一企业内组织它的成本"。他认为，企业内部协调者精力是有限的，企业的扩张将会导致内部管理费用的急剧上升，使得企业不可能无限制地扩大。威廉姆森（Williamson，1975）则认为，企业的扩张导致管理层级增多，使企业治理效率低下，因此企业不可能无限扩张。根据科斯（Coase，1937）的观点，市场交易成本主要是发现价格的成本、谈判和签约成本。但玛斯顿（Masten，1999）认为，交易成本解释存在两点不足，一是交易成本很难观察和度量，"交易的许多风险……都隐含或潜伏于交易过程中；而另一些交易成本，如为讨价还价、缔约所付出的努力，其存在本身虽然显而易见，却往往难以量化。"二是未被选中的组织形式，其交易成本根本无法观察到，"这样，即便能恰当度量现存安排下的交易成本，也无法观察其他安排下同一次交易的成本。"所以尽管科斯明确了交易成本在企业治理机制选择及企业边界决定中的中心地位，但其理论框架具有不可检验性，而在这方面，威廉姆森作出了重大贡献。

威廉姆森（Williamson，1975；1985）从资产专用性、交易频率及不确定性三个维度对交易进行区分，并衡量交易成本的大小。不同特性的交易由于影响到交易成本的大小，因此需要利用不同的治理结构进行治理。在假定不确定性的程度为已知的情况下，威廉姆森对资产专用性、交易频率与治理模式的选择间的关系进行了分析，认为不同资产专用性及交易频率的组合必须采用不同的治理结构。有效的治理模式，如表 2 - 1 所示。

表 2 - 1　　　　　　　　　　有效的治理模式

		投资特点		
		非专用	混合	独特
交易频率	偶然	市场治理	三方治理（新古典式合同）	
	经常	（古典式合同）	双方治理	统一治理
			（关系合同）	

资料来源：威廉姆森. 资本主义经济制度［M］. 商务印书馆，2002：113.

基于威廉姆森的交易成本分析框架，众多学者对交易成本与企业纵向一体化的关系进行了实证分析，下面将从两个方面对相关文献进行回顾。

2.2.1　基于资产专用性的分析

威廉姆森（Williamson，1985）认为，资产专用性是区分各种交易的最重要标志，也是使交易成本理论与解释经济组织上其他理论相区别的最重要特点。随着资产专用性程度的提高，通过企业对交易进行治理的方式所需的治理成本相对于通过市场进行治理成本越来越小，同时在企业内部进行生产所需的生产成本与外部企业的生产成本也越来越接近，因此威廉姆森认为随着资产专用性程度越来越高，通过一体化的方式进行治理更有效率①。

很多学者基于威廉姆森对资产专用性的分析，对资产专用性维度与企业边界间的关系进行了实证分析。在威廉姆森交易费用分析框架提出之前，克莱茵等人（Klein et al.，1978）从"资产专用性"角度对企业纵向一体化与否进行了分析。他们认为，如果投资的资产存在专用性，将产生"可占用的专用性准租"，而为了防止"敲竹杠"行为，获得"可占用的专用性准租"，专用性资产投资企业应实行纵向一体化。根据威廉姆森的分析框架，学者们对不同的资产专用性类型②与企业纵向一体化的关系进行实证研究。杰斯科（Joskow，1985；1987）对坑口电厂与煤矿企业间的关系的研究及斯塔克利（Stuckley，1983）对矾土冶炼厂与相关矿产的关

---

① 威廉姆森（Williamson，1985）认为，企业组织对资产专用性高的投资具有治理优势，与市场相比较，只需要更低的治理成本；市场对资产专用性程度低的投资具有治理优势，与企业相比，只需要更低的治理成本。同时，他从规模经济和范围经济角度讨论了企业内部生产的成本。他认为，在假定产出数量不变的前提下，随着各类产品和服务的独特性越来越大（即专用性程度越来越高），市场不再能够享有规模经济和范围经济所带来的成本优势，企业内部生产成本趋近于市场生产成本。因此，他认为随着专用性程度的提高，企业越来越趋向于选择内部化生产。不过，虽然他强调生产成本对企业边界选择的影响作用，但还是基于交易对生产进行分析。

② 威廉姆森（Williamson，1985）把资产专用性分为四类：场地专用性、实物资产专用性、人力资产专用性以及特定资产专用性四类，并分别讨论了这四种专用性交易所对应的治理模式；杰斯科（Joskow，2005）认为除了这四种专用性类型外，还包括无形资产的专用性（intangible assets）。玛斯顿、米汉和斯奈德（Masten，Meehan and Snyder，1991）则把"暂时的资产专用性"（temporal asset specificity）作为第六种专用性类型，但威廉姆森和杰斯科都认为它属于"场地专用性"的一种。场地专用性是指资产一旦投入，则无法移动，资产效率的发挥依赖于其他资产的配套使用；实物资产专用性是指它只适合于某种交易，一旦转作他用，它的价值会大大降低；人力资产专用性是指通过"干中学"积累的人力资产只适合于某种业务，如果资产转作他用，价值几乎消失；特定资产专用性是指投资于特定用途的资产，这种资产本身是通用性资产，但它的价值受到合作期限等因素影响；无形资产专用性指品牌等无形资产具有消费者忠诚性，其价值易受合作者的机会主义行为影响。

系研究，属于对"场地专用性"与企业一体化关系研究。许多学者对通用汽车和费雪车体的案例进行了研究，其中绝大部分是研究"实物资产专用性"与一体化的关系（Williamson，1985），同时也有众多学者利用其他案例研究了实物资产专用性与一体化间的关系（Joskow，1985；et al.）。经过"干中学"等方式积累的人力资产只能服务于特定工作，一旦离开原工作，它的价值将受损，人力资产主体将受到利益损失，因此具有专用性。针对"人力资产专用性"与一体化的关系，学者们进行了研究，蒙特韦尔德和提斯（Monteverde and Teece，1982）和玛斯顿、米汉和斯奈德（Masten，Meehan and Snyder，1989）分别讨论了汽车行业的人力资产专用性与一体化的关系，玛斯顿（1984）则讨论了航空工业中的人力资产与一体化的关系，克莱茵（Klein，1988）从人力资产专用性角度重新解释了通用汽车和费雪车体间的一体化行为。对于"特定资产专用性"和"无形资产专用性"与一体化的关系的实证研究相对较少，有些学者讨论了品牌等无形资产的专用性与一体化的关系，如麦当劳的连锁经营问题等。大卫和汉（David and Han，2004）对关于交易成本与治理模式选择关系的实证文献进行了系统回顾，筛选出 63 篇实证文献的 308 个统计检验，对不同维度与企业治理形式之间的关系进行了检验。在对资产专用性维度进行检验时，发现它相对其他维度具有更高的支持率，高到 60% 的实证支持资产专用性与一体化关系的理论假设，认为资产专用性越高，企业越倾向于纵向一体化。表 2 - 2 列出了衡量资产专用性的主要指标及其检验结果。

表 2 - 2　　　　　　　　　资产专用性指标及其检验结果

度量	检验个数	支持个数	支持率（%）	反对个数	反对率（%）
人力资产专用性					
专用性技术	12	9	75	0	0
培训需求	5	2	40	0	0
企业、产品和过程的复杂性	5	2	40	0	0

度量	检验个数	支持个数	支持率（%）	反对个数	反对率（%）
买者和卖者间的协调需求	7	4	57	0	0
关键购买者的重要性	1	0	0	0	0
买者忠诚度	1	1	100	0	0
信息的保密性	1	0	0	0	0
买者异质性	4	2	50	0	0
与当前供应商的锁定	1	1	100	0	0
小计	37	21	57	0	0
实物资产专用性					
用于生产的专门性资产	17	9	53	4	24
技术复杂性	4	1	25	0	0
技术的缄默性	3	1	33	0	0
工厂与设备的沉没成本	4	4	100	0	0
研发投入与销售比	1	1	100	0	0
小计	29	16	55	4	14
人力与实物资产专用性					
专用性资产和知识的复合度量	17	11	65	3	18
小计	17	11	65	3 *	18 *
产品专用性					
定制的终端产品	4	3	75	0	0
定制的输入部件	3	3	100	0	0
终端产品的开发成本	1	1	100	0	0
产品对消费者的重要性	1	1	100	0	0
附属服务对消费者的重要性	1	1	100	0	0
典型的交易额	1	1	100	0	0
小计	11	10	91	0	0
场地专用性					
汽油使用量	4	1	25	0	0

度量	检验个数	支持个数	支持率（%）	反对个数	反对率（%）
从距离本地 500 英量范围内工厂输入的部件所占的比重	1	0	0	0	0
小计	5	1	20	0	0
无形资产专用性					
商业部门 IT 的复杂性	3	2	67	0	0
商业部门对企业的战略重要性	2	1	50	0	0
广告额与销售额之比	2	1	50	0	0
企业的品牌资产	1	1	100	0	0
小计	8	5	63	0	0
总计	107	64	60	4	4

注：原文可能有错，作者在小计项中这两项都为 0，但根据上一指标对应值就可知道它们并不为 0。

资料来源：根据 David, Robert J. and Skin-Kap, Han（2004），"A Systematic Assessment of the Empirical Support for Transaction Cost Economics". Strategic Management Journal，25（39 – 58）表 4 整理得到。

从学者的单个研究及大卫和汉（David and Han, 2004）系统回顾来看，资产专用性与一体化关系的理论假设都得到了很高的支持，但从大卫和汉的分析可以知道，不同专用性类型间存在较大的差距，同时也可发现资产专用性与一体化的理论假设并没有得到一致的支持，还有 40% 的比率不支持。同时，从最近的企业边界的外部化浪潮来看，资产专用性作为组织效率的决定因素是值得怀疑的（Coase, 1988；Holmstrom and Roberts, 1998）。为解决"敲竹杠"问题而纵向一体化并不能解释企业边界变化的全部（Poppo and Zenger, 1998）①。

————————————

① 霍姆斯特罗姆和罗伯茨（Holmstrom and Roberts, 1998）认为，"如果将购买者和销售者合并到一家企业内部能够完全消除'敲竹杠'问题的话，那么现在为什么会出现一体化分解、外包、外部签约，可能通过市场来完成交易，而不是所有都通过组织，这种趋势说明了存在着替代的方式来灵巧地解决'敲竹杠'问题。"

2.2.2 基于不确定性的研究

在学者们主要集中于研究资产专用性与一体化关系的同时，也有大量的学者对"不确定性"维度进行了研究。在威廉姆森的后期研究中，由于过于偏重"机会主义"所引发的人的策略性行为，逐渐偏离了其早期以及科斯关于不确定性作为环境要素的观点（Lee，1998），从而没能全面地考察不确定性在影响企业边界中的作用。这也成为交易成本理论备受批评的地方之一（Lacity and Willcocks，1995）。在早期研究中，威廉姆森主要强调基于人的"有限理性"而造成的"环境不确定性"对交易成本的影响，这和科斯关于不确定性对交易成本影响的观点一致。但在后期的研究中，威廉姆森主要对"行为不确定性"进行分析，认为由机会主义行为所导致的人的"行为不确定性"是区分交易的三维度之一。不论环境不确定性还是行为不确定性，威廉姆森认为不确定性的增加会导致交易成本的增大，从而促进企业的一体化选择。基于威氏的理论假设，其他学者对不确定性与企业一体化选择间的关系进行了实证分析，但从总体来看，不确定性与企业纵向边界的关系还存在较大的争论。

一些学者在对行为不确定性与企业纵向一体化关系进行研究时，得到与威廉姆森交易成本分析框架相同的结论（Fan et al.，2000）。有的学者针对技术不确定性与企业一体化关系进行了研究，发现随着技术不确定性增大，企业可能越不会采用纵向一体化的治理方式，得出与威廉姆森分析框架相反的结论（Balakrishnan and Wernerfelt，1986，Mol et al.，2004；Robertson and Gatignon，1998，Walker and Weber，1984，et al.）。例如，巴拉克里斯南和沃纳费尔特（Balakrishnan and Wernerfelt，1986）证明技术不确定性的出现使得纵向一体化的决策和交易成本理论预测的结果相反。尤其当技术很有可能退化的时候，企业可能会依靠市场契约以保持适应性，而不是纵向一体化。在最近的研究中，摩尔等（Mol et al.，2004）

通过多重回归分析来自荷兰的 189 家企业的样本数据，得出了技术不确定性和企业外包程度正相关的结论。

大卫和汉（David and Han，2004）在他们的实证文献回顾论文中，同样对现有关于不确定性与企业纵向一体化关系的实证研究结论进行了分析，如表 2 - 3 所示。

表 2 - 3　　　　　　　　　不确定性指标及其检验结果

度量	检验个数	支持个数	支持率（%）	反对个数	反对率（%）
市场条件					
需求和价格变化的复合度量	8	2	25	0	0
需求变化	6	2	33	0	0
价格变化	5	0	0	1	20
顾客的不可预测性	5	3	60	0	0
交易总量	1	0	0	0	0
小计	25	7	28	1	4
技术					
波动性	18	3	17	2	11
创新性	7	1	14	2	29
所需技术供应的竞争性	3	0	0	2	67
小计	28	4	14	6	21
行为					
产品或部件使用者的数量	7	1	14	3	43
跨界交易	1	0	0	0	0
签约到交易时间	1	1	100	0	0
供应商的不可预测性	1	0	0	0	0
购买者决策的不确定性	1	0	0	1	100
小计	11	2	18	4	36
交易各方绩效的模糊性	6	4	67	0	0
调整的不确定性	4	0	0	2	50

度量	检验个数	支持个数	支持率（%）	反对个数	反对率（%）
技术和市场的波动性	3	1	33	0	0
部件的复杂性	2	0	0	1	50
交易特性	2	1	50	0	0
企业生产某类产品的先期经验	2	0	0	0	0
企业通过联盟所获得的先期经验	1	0	0	0	0
货币风险	1	0	100	0	0
企业风险	1	0	0	0	0
政治风险	1	1	100	0	0
总计	87	21	24	14	16

资料来源：根据 David，Robert J. and Skin-Kap，Han（2004），"A Systematic Assessment of the Empirical Support for Transaction Cost Economics". Strategic Management Journal，25（39－58）表4整理得到。

通过他们的分析结论可以知道，虽然有些研究证实了交易费用理论所假定的不确定性与一体化的关系（只有24%的实证研究支持这个假设），但大部分研究并没有支持这个理论假设，"不确定性与企业治理形式的选择或交易成本的高低似乎没有非常清晰的关联性，实际上，几乎有同样多的证据证明不确定性的增加会导致与交易成本理论预测的相反结论（非纵向一体化治理形式）"。针对关于不确定性理论假设支持率偏低这种现象，有的学者认为这主要是由于对不确定性的分类研究不足，没有意识到不同类型的不确定性对企业边界的影响是不同的。但从表2－3中可以知道，无论是行为不确定性，还是技术不确定性，都只有很低的支持率，大部分研究表明不确定性与一体化选择没有相关性。

同时，还有的学者试着从不确定性维度解释企业边界在长期内的"扩张—收缩"现象。王珺、侯广辉（2005）认为企业的目的在于规避不确定性，为了减少企业所面对的不确定性，企业会选择不同的治理模式。基于市场交易的不确定性和技术创新的不确定性分类，他们与其他学者的观点一致，认为由机会主义行为所产生的市场交易的不确定性将促进企业的一体化，而技术创新的不确定性将促使企业选择"外包"。随着技术水平的发展，市场交易的不确定性逐渐下降，而技术创新的不确定性逐渐增大，当技术创新的不确定性超过市场交易的不确定性时，企业将会越来越多地选择非一体化治理方式，而不再内部化生产。他们的解释为理解企业边界的演进提供了新的思路，但还缺少实证的分析，必须进一步加强相关的实证性研究。

从上述的回顾可以知道，虽然学者利用交易成本分析框架对企业边界的变化进行了大量的研究，但无论是对资产专用性还是不确定性的研究都还有很大的不一致性，特别是基于不确定性的研究更存在大的争议。针对交易成本理论对企业边界的解释，霍姆斯特罗姆和罗伯茨（Holmstrom and Roberts，1998）认为，即使当资产专用性、行为不确定性以及交易频率都很高时，也不一定导致纵向一体化，而可能更多地采取外包、战略联盟等中间形态进行治理。甚至在同样的交易环境下，不同的企业也有不同的企业边界选择，如 IBM 一直都是高度一体化的，而康柏则外包很多部件的生产。对于新出现的诸如外包和全球专业化（Feenstra，1998）、价值链的非一体化等趋势（Christensen，Verlinden and Westerman，2002；Langlois，2003），交易成本理论也不能很好地予以解释。针对交易成本理论解释的不足，以及它过于强调企业的交易属性的特性，一些学者试着从企业的生产属性角度对企业边界的变化进行解释。他们认为，生产的内部化不是因为"市场交易费用过于高昂"，而是因为企业作为一种制度能够充分利用自身所具有的"组织优势"，以市场所不具有的方式组织某项经济活动（e. g.，Conner，1991；Ghoshal and Moran，1996；Kogut and Zander，1996；Madhok，1996，1997；Teece，Pisano，and Shuen，1997）。他们认为企业更是一个生产单位，企业的优势在于它能够比市场更有效地组织生产。德姆塞茨认为，生产的决定关键在于内部生产成本，而交易成本理论则假设企业能够同样好地生产产品和提供服务，模糊了我们的观察（Demsetz，1988）。国内学者路风（2000）认为，交易成本理论仍坚持新古典理论信条，坚持认为市场是第一位的，而企业是第二位的。根本上，交易成本理论最大的缺陷在于它忽略了企业间的差别，认为企业是同质的。在企业同质的假设前提下，它没有把企业的生产功能纳入分析的范围，忽视了企业资源、能力、知识的影响。科斯承认自己缺乏对企业异质性及生产成本的考虑，这导致在《企业的性质》一文中没有把在企业内部生产所需的成本与在其他企业生产所需的成本进行比较（Coase，1988）。甚至威廉姆森（Williamson，1999）也认为，在研究企业边界时应考虑企业所具有的能力因素。他评论到，交易成本理论的传统问题——"什么（市场、中间组织、企业）是组织 X 的最佳模式？"——也应被下面这问题所代替，即"企业 A——它拥有现存的优势和劣势（核心能力和能力不足）——应怎样组织 X？"。既然学者强调企业的生产属性，强调从企业的生产优势方面解释企业边界的选择，下面部分将对企业知识理论就企业边界变化的解释进行回顾。

2.3

企业知识理论与企业边界

知识经济的发展，使得知识的重要性日益体现。早在 1962 年，马赫卢普在《美国知识的生产和分布》一书中，首次比较明确地将知识和产业联系起来，并对知识产业占国民生产总值中的比例进行了估算。罗默在其"新经济增长"理论中提出，知识不同于其他资源，知识投资是收益递增的，而且知识可以重复使用。一些学者认为，知识是社会最重要的资源，是企业竞争优势的最终源泉（Drucker，1993；Nonaka，1991；et al. ）。

彭罗斯（Penrose，1959）企业内生成长理论的提出，为企业知识理论的形成及发展提供了理论基础。在彭罗斯等人的研究基础上，沃纳费尔德（Wernerfelt，1984）提出了"企业所拥有的资源是企业竞争优势的来源"的观点，为资源观的形成及发展提供了基础。经过众多学者的努力（e. g.，Wernerfelt，1984；Barney，1986，1991；Prahalad and Hamel，1990；Leonard-Barton，1992；Teece，Pisano and Shuen，1990，1997；Grant，1996；Spender，1996；Nonaka，1994），资源观、核心能力理论、动态能力理论以及企业知识理论不断形成及发展。从理论发展的脉络来看，资源观、核心能力理论、动态能力理论以及知识理论是一脉相承的理论体系，分析的对象、方法以及工具本质上是都是一致的。同时由于其他观点、理论相对较少用来分析企业的边界选择、变化问题，本书在回顾文献时主要关注知识理论对企业边界的研究，适当评述其他能力理论的相关研究。

企业知识理论与交易成本理论不同，更加注重企业的生产功能，弥补了交易成本理论在解释企业边界变化时的不足，强调了企业的生产属性，认为资源、能力、知识的差异导致企业具有不同的生产效率，企业最佳边界的确定在于自身生产是否具有更高的效率。企业知识理论认为，企业的存在是因为它能够创造、整合，或者开发利用知识（Conner and Prahalad，1996；Grant，1996；Kogut and Zander，1996；Nonaka，1994；et al. ）。企业知识理论在分析企业边界的选择时，一般并不否认交易成本理论的解释作用，更多强调这种理论的解释力比交易成本理论的解释力更强，或者强调两种理论的结合能够更好地解释企业边界的变化（Argyres，1996；Poppo and Zenger，1998；Schilling and Steensma，2002；Leiblein and Miller，2003；Hoetker，2005；Madhok，2002；Jacobides，2005；Jacobides and Hitt，2005；Jacobides and Winter，2005；et al. ）。

2.3.1　知识转移效率对企业边界的影响

企业知识理论强调企业的生产属性，认为知识是企业竞争力的最主要来源。为了维持、提高企业的竞争力，企业必须获取自身所必需的知识，知识转移是有效途径之一①。有些学者从知识转移的效率分析企业是采取市场购买的方式还是内部化方式。现有研究主要认为，由于知识具有难于转移的特性，如果上下游环节的生产要涉及知识的转移，则一般会一体化生产，否则可采用市场采购的方式。

德姆塞茨分析了产品转移与知识转移的不同效率对企业边界的影响。由于产品相对容易转移，知识具有的隐性特性阻碍了它的顺利传递，德姆塞茨（Demsetz，1991）认为，如果上下游两环节部件的生产不需要知识的转移，则最好采用市场的方式进行治理；如果一个环节的生产需要利用另一环节的知识，则最好采用一体化的方式。格兰特（Grant，1996）与德姆塞茨的观点一致，同样认为如果某种部件的生产需要用到另一部件的生产知识，由于知识转移的困难性会导致较高的交易成本，企业应内部化这种部件的生产。实际上，很多知识的转移、扩散是成本高昂、困难的，而且非常缓慢，这是因为隐性的知识具有专用性和独特性，往往具有个人的特征（Nelson，1982）。蒙特维德（Monteverde，1995）在他的论文中以电脑产业为例对企业边界的变化进行了研究。他认为，由于电脑主机的设计依赖于集成电路的特性，需要利用集成电路的知识，必须进行知识的转移，在20世纪60、70年代电脑的生产一般都后向一体化集成电路的设计和生产，同时在对集成电路行业内部进行分析时，他也认为设计与生产两个环节应纵向一体化，从而支持了德姆塞茨及格兰特等人的理论假设。康纳和普拉哈拉德（Conner and Prahalad，1996）也从知识转移效率的角度对企业边界变化进行分析。他假设人是"有限理性"的，在此前提下就

---

① 一般以为，企业获取新知识的途径有两种：从外部转移知识以及创造知识。提斯（Teece）于1977年最早提出了知识转移的思想，此后知识转移逐渐成为知识管理研究的关注热点。知识转移是指组织内或组织间跨越边界的知识共享，即知识以不同的方式在不同的组织或个体之间的转移或传播（Szulanski，1996），强调从外部知识主体中获取知识。知识创造是在个人的想法、直觉、经验、灵感的基础上通过显性知识（包括结构化和非结构化知识）和隐性知识之间的相互转化过程，在某种共享环境的影响下，将那些想法、直觉、经验、灵感等具体化为新知识的过程（樊治平、李慎杰，2006），强调通过对现有知识的学习、整合、利用进行创造活动，获取新知识。

知识隐性程度对交易效率的影响进行了分析。他们认为，由于知识一般是隐性的，即使通过个人的观察、学习等方式，它也很难被转移；同时，由于人的有限理性，认知和语言的限制使得人们很难把他所知道的隐性知识（如技能、know-how 等知识）表达出来，即使能够被描述出来，接受者由于自身的有限理性也很难把它们消化、吸收。由于这两个因素的作用，知识通常具有"黏性"（Von Hippel，1994），很难实现转移，因此他们认为，企业一般会内部化知识所有者，实行内部化生产。

尼克森和曾格（Nickerson and Zenger，2004）研究了"问题复杂程度"对企业边界的影响。他们认为企业所面临的问题复杂程度不同，需要与外部进行知识转移的程度也不同，因此需要采用不同的治理结构。在他们的分析中，把知识难于转移作为分析的前提，而没有对知识为什么转移困难进行详细的解释。他们把问题分为三类：低交互作用问题（low-interaction problems）、中交互作用问题（moderate-interaction problems）、高交互作用问题（high-interaction problems）。每类问题具有不同的可分解程度，低交互作用问题具有很高的分解程度，而高交互作用问题则具有低的可分解程度。解决不同的问题需要不同种类及数量的知识，因此自身对知识整合的效率及知识转移的效率就至关重要。治理机制的选择决定着知识转移的效率，市场、中间形态及层级制对知识转移治理的效果分别不同，市场有激励去发展自身的知识，但不利于解决知识悖论问题，且没办法促成共同语言的形成；权威型层级制有助于复杂问题的解决，但对发展自身知识的激励有阻碍作用；多数决定型层级制适合于组织里具有共同的价值目标情形，以及需要知识的积极转移，此时权威的作用主要在于选择研究项目，而不确定研究的具体路径。因此，他们认为，当问题是低交互作用时，本地知识就可解决，并不需要知识的转移，或者知识转移的程度很低，市场是好的治理方式；当问题是高交互作用时，需要进行团队研究，或者需要大量的知识转移，因此权威型层级制是好的选择；而当问题是中交互作用时，选择民主型层级制相对较好。

布鲁索尼、帕轮斯帕和帕唯特（Brusoni, Prencipe and Pavitt, 2001）则讨论了在技术的不同生命周期阶段企业边界的变化。他们认为，在不同的技术生命周期阶段，技术的技术专用性（knowledge specilization）及标准化程度不同，导致相关知识的转移效率不同，随着技术专用性程度越高，知识转移的效率越低。他们以飞机发动机为例对其不同部件的生产是否应一体化进行了分析，讨论了在发动机技术的不同生命周期阶段企业是否内部化生产的问题。笔者认为，在不同的技术生命周期阶段，技术的专用性程度和标准化程度不同，对不同部件知识的转移效率产生不同的影响，企业应选择不同的一体化策略。在技术生命周期的早期阶段，属于新兴技术，专用性强，技术标准不确定，部件知识的转移效率低下，大部分企业实行一体化方式。对于一个成熟的技术，它具有较高的标准化程度，技术稳定性强，因此部件知识较易转移，很多企业实行业务外包方式。

与布鲁索尼等人的分析结果一致，阿福（Afuah, 2001）在就不同技术阶段对企业边界选择的影响进行分析时，也认为企业应将新技术的商业化过程内部化于企业中，而对于旧技术，则应外包其生产业务。在他的研究中，认为一项新技术在商业化过程中，企业需要与不同的部件供应商进行大量互动，相关费用高昂；同时企业也要在不断的试错过程中学习、积累相关经验；最主要的在于部件知识隐性程度高，知识转移效率低下，因此企业一般内部化相关部件的生产。在他们对电脑工作站行业进行的实证研究中，得出了在技术变化（由 CISC 到 SISC）时一体化新技术相关部件生产能提高企业绩效的结论，证实了作者关于企业边界变化的观点。

在就技术对企业边界变化的影响进行分析时，布鲁索尼等人和阿福的观点实际上与德姆塞茨等人的观点一致，都潜在地假设了分析前提，即在新技术阶段部件的生产需要利用另外部件的知识，要进行知识的转移。在此前提下再进行知识转移效率对企业边界变化的影响。

2.3.2　知识创造效率对企业边界的影响

企业知识理论认为，企业存在的根本原因在于它能够创造（generate）、整合（integrate）、使用（exploit）知识（Grant，1996；Nonaka，1994）。在讨论企业边界变化的原因时，有一种观点认为企业是在自身内部还是通过市场契约从事该项活动依赖于企业是否能够更有效率地创造知识，知识创造的效率越高，企业越应该内部化这项活动。

野中郁次郎等人（Nonaka，Toyama and Nagata，2000）认为，企业的知识资产决定了企业的边界，它通过影响知识创造的投入成本，从而影响了企业边界的选择。企业的知识创造活动是基于现有的知识资产，知识资产的基础如何，影响了企业对知识创造方向的选择、知识的投入成本以及创造成功的可能性，从而影响企业创造知识的效率。知识创造活动又具有路径依赖性。由于知识的累积效应，企业在现有的知识资产基础上进行知识创造，同时知识创造活动又进一步增加了原有知识范式下的知识积累。因此，除了直接投入成本影响了知识创造效率外，还必须考虑其他的因素。野中郁次郎等人认为，机会成本（the opportunity cost of knowledge creation）和时间成本（time cost）等因素同样会对知识创造的效率产生重要影响。进行知识创造过程中，企业可以通过在"试错"中学习、"干中学"等方式获取有益的额外知识。这些知识可能是与企业想要创造的知识互补，也有可能是关于创造知识的知识等。它们一般都是隐性的，企业并不能或者很难从外部市场购买到相关知识。如企业采用市场的方式获取所需知识，则它丧失了获得这些知识的机会，必须付出相应的机会成本。企业在进行知识的创造时必须耗费大量的时间，因此企业自身创造知识必须付出相应的时间成本。野中郁次郎认为，当企业所处的产业发展迅速、变化快时，企业通过市场的方式从外部获取知识将需要承担高昂的机会成本。野中郁次郎等人实际上强调，企业边界的变化取决于直接投入成本、机会成本、时间成本及市场外购成本。

无论是基于知识转移效率还是知识创造效率对企业边界进行分析，这些文献都是从企业获取必需知识的效率角度进行分析，第三部分将回顾从知识使用效率角度对企业边界变化进行解释的相关文献。

2.3.3　知识使用效率对企业边界的影响

知识使用效率强调企业通过对自身现有知识的利用，能否比其他企业以更低成本生产出产品，以更快的速度创新产品或者解决问题等。当企业具有更高效率时，企业应采取一体化策略。沃克和韦伯就认为，企业在做自身制造还是外购决策时，生产成本是个比交易费用更重要的指标。安吉莱斯（Argyres，1996）认为，"我们公司不从事 X 活动，因为我们不擅长它"。兰格路易斯和罗伯特森（Langlois and Robertson，1989）在对企业纵向一体化行为进行解释时，强调自身生产能力对企业行为选择的影响。他们以福特汽车的一体化为例，认为由于移动生产线（moving assembly line）的引进，原来部件供应商的能力遭到破坏，而自身的生产能力更高，具有更高的生产效率，最后福特一体化了部件的生产活动。

有的学者就知识使用效率对企业边界变化的影响与交易成本等理论分析进行比较，研究结论一般认为知识分析框架更能解释企业边界的变化。安吉莱斯（Argyres，1996）认为，企业会一体化那些自身具有比供应商更丰富的生产经验及组织技能的活动，而外包那些自身不擅长的活动。他以光缆生产企业为背景，分别利用知识分析框架和交易费用分析框架对企业边界的变化进行了研究。研究结论显示企业能力对企业边界的变化具有更重要的影响作用，企业自制或外购的决策主要依赖于企业是否具有生产部件所需的资源、能力，当自身拥有更高的能力时，企业一般会进行内部化生产。同时，交易成本也产生影响，具有一定的解释力，如由于资产专用性导致高的交易成本，同时企业自身发展能力的需要，企业把"组合"

（compounding）的工作内部化了。

以上三个部分回顾的文献都是单独应用企业知识理论对企业边界的变化进行解释，分别强调企业转移知识、创造知识及使用知识的效率三个角度分析了对企业边界变化的影响，而没有考虑交易成本的作用或者认为交易成本的作用不够突出，限制了他们分析框架的解释力。越来越多的学者更多地综合分析知识理论及交易成本分析对企业边界变化的影响，下面部分将对相关文献进行回顾。

2.3.4　交易成本理论与企业知识理论的共同分析

在这类文献中，笔者综合分析了知识理论及交易成本分析对企业边界变化的影响，认为知识及资产专用性等交易费用分析维度都对企业边界的变化具有很强的解释力。有的学者甚至把两种理论综合在一个解释框架中进行分析。

莱伯茵和米勒（Leiblein and Miller, 2003）基于交易成本理论、企业资源观及实物期权理论发展了自己的模型，分别检验了资产专用性、需求不确定性、制作经验、外部获取经验（sourcing experience）、多样化战略等变量对企业边界变化的影响。通过对 117 家半导体公司的 469 个"自制还是外购"决策的分析，得出了交易成本、企业能力及产品市场战略都对生产活动的治理具有重要影响的结论，与理论分析的结果一致。笔者发现，对于那些具有相关生产技术的企业，更有可能把相关生产过程内部化，而对于那些具有丰富外部获取经验的企业，则更有可能采取外包的形式；高度不确定征性及资产专用性导致企业的一体化，而单独不确定性则更可能导致企业的外包行为。

企业如何选择一个创新部件的供应商（是内部生产还是外部采购，从谁那里购买等），霍特克（Hoetker, 2005）发展了一个模型进行解释。他在交易成本、企业间关系、技术能力相关理论的基础上，把"内部或外部"选择、相互间关系以及能力纳入模型中，分析不同的部件供应模式之间的替代关系。作者以笔记本电脑生产行业为研究背景，讨论了技术能力、生产商与供应商间的关系、技术的不确定性三个变量对供应商选择的影响，认为当不确定性低时，技术能力在模式选择时起主要作用，当自身拥有更高的能力时，采用内部生产的方式，否则从外部采购；当不确定性增加，两者间的关系及内部化可能扮演更加重要的角色；当不确定性非常高时，内部生产就显得非常重要了。在霍特克的模型中，强调了总成本（生产成本和交易成本）对模式选择的影响，但它并没有阐述各成本是如何总成本的，以及各因素对成本的影响。

上述学者都从实证角度证实了知识理论及交易成本分析对企业边界变化具有解释力，但并没有证明各因素的影响有多大，谁的解释力更强，同时并没有提出一个完整的框架把两种分析方法纳入一起对企业边界的变化作出分析。下述文献尝试建立共同的框架进行分析。

鲍普和曾格（Poppo and Zenger，1998）是较早把交易和生产两种因素结合共同说明企业边界变化的学者。作者分别从企业的知识理论、交易成本理论以及产权理论三个理论所涉及的主要维度，如资产专用性、度量成本、技术的不确定性、规模经济、技术拥有的数量等对企业内部化（自制）或外部化（外购）时的企业绩效进行研究，从而分析企业应采用什么样的治理结构。笔者同时从交易成本理论和知识理论对资产专用性的作用进行了分析，认为资产专用性对交易成本和企业能力都有重大的影响。笔者认为，自制还是外购，主要在于这两种治理结构所能够带来的不同收益。如市场收益大于企业内部化收益，则应从外部购买，如相反，则应内部化。通过实证研究，结论认为资产专用性的增加会导致削弱市场治理的效果；但并不支持随着专用性的增强，内部化的效果会越来越好的结论，这主要由于这个行业技术的快速变化，如内部化会导致企业内部的"核心刚性"现象。

麦德霍克（Madhok，2002）强调交易成本理论与知识理论的结合共同解释企业治理结构的变化，认为交易成本、能力与企业的治理结构相互演进、相互作用。作者把企业看作是交易和资源的结合体，同时具备生产技能（production skill）和治理技能（governance skill）。企业从对手那里进行学习，其生产技能得到提高，提高的程度取决于其治理技能，治理技能越高，越能从对手中获取所需知识。同时，由于资源的隐性特性，企业治理技能的高低影响了资源交易的成本，因此，企业治理技能的不同导致企业绩效和竞争优势的差异。除此之外，在生产技能、治理技能和治理结构三者关系中，企业生产技能及治理技能影响了企业治理机制的选择，同时企业的治理结构又影响着生产技能和治理技能。作者通过这个分析框架把交易成本理论及知识理论融合在一起，共同说明了企业治理机构的变化。一体化与否取决于生产环节是否必须设计环节的知识，所需转移的知识越多，则越有可能一体化。

杰科毕得斯（Jacobides）近来对企业边界变化进行了较多研究。他把交易成本理论与知识理论结合融入模型中，共同分析企业边界的变化。在他与希特合写的论文（Jacobides and Hitt，2005）中，认为交易成本理论在分析企业的纵向范围时，忽视了其他一些主要的因素，如生产能力（productive capabilities）。在基于企业在不同价值链环节上的生产能力不同的前提下，他们分析了生产能力与交易成本是如何影响企业的纵向范围，认为生产能力是决定企业"自制还是外购"的一个主要因素。在分析企业是否纵向一体化时，他们从几个方面进行考虑，一是它的生产效率 pi，二是其官僚成本 Bi，三是外部企业生产的效率 pj，四是交易成本 $TCij$。企业的生产能力影响生产效率，层级制产生官僚成本，交易成本受信息的对称性、不确定性、资产专用性等因素影响。如企业要纵向一体化，则 $pi - Bi > pj - TCij$。因此，企业的边界选择受生产能力及交易成本的共同影响。在对美国抵押银行业的实证分析中，笔者发现生产能力的影响作用比交易成本的影响要大。

在杰科毕得斯与温特合写的另一篇论文中（Jacobides and Winter，

2005），同样认为交易成本和企业能力是影响纵向分工范围的两个基本因素，两者相互作用共同决定纵向分工范围。作者从动态的角度对影响纵向分工范围的四个机制进行了分析，一是选择机制，它是由于企业能力的不同驱使的，动态地影响纵向分工范围；二是企业对利润的追求导致交易费用的内生变化，进而影响分工范围；三是纵向分工范围的变化影响着企业能力的发展；四是能力发展过程的变化对行业中企业的生存发展造成巨大影响，同时也对潜在进入者造成影响，从而最终影响未来行业中企业的地位。机制一阶段，由于竞争的作用，当专业化企业在竞争中占优时，选择机制将会促进更大的专业化，相反，则会促进更大的一体化。机制二阶段，当存在潜在收益时，企业在长期内将有激励改变交易环境，如度量方式、协调方式等，以及相互间模仿的增加以及交易次数的增加，减少了交易的不确定性。机制三阶段，企业专业化与企业一体化对能力的发展产生不同的影响。当企业专业化时，它不但可以从本行业内部，而且可以从本行业外部吸取相关知识，有利于能力的积累，然而专业化也可能阻止行业的系统创新。机制四阶段，在纵向分工范围较深时，为原外部企业的进入创造了条件，原外部企业能不同程度地参与行业内部的生产经营活动，从而对现有企业造成冲击，从而最终影响行业中能力的分布状况。四个机制的共同作用，说明了企业边界的变化。作者并通过两个案例说明了交易成本和企业能力是如何影响企业边界的变化。

企业知识理论的发展，弥补了交易成本理论的不足，为解释企业边界的变化提供了一条新的思路。企业知识理论学者基于知识的重要性，从知识的转移效率、知识创造效率及知识使用效率等方面对企业边界的选择进行了解释。同时，有的学者在对企业边界进行研究时，也尝试着把企业知识理论与交易成本理论融合进同一个框架进行分析。虽然他们取得了一定的成果，但同样是静态的分析，没有从历史过程的角度对企业边界的长期变化进行解释。毫无疑问，社会及科学技术的发展对企业边界的变化产生重大的影响作用，要解释企业边界的历史长期变化，必须把相关因素纳入分析的框架。

2. 4

总结性评述

　　企业边界问题研究一直是经济学、管理学研究的重要问题。新古典经济学的主流虽然研究市场需求与供给的关系，产业组织理论还是基于市场结构对企业边界的选择进行了分析。由于新古典经济学认为企业是同质的，在一个无摩擦的市场中运行，因此产业组织理论的分析并不可能触及企业边界变化的真正原因。交易费用理论为企业边界变化提供了一个新的解释视角。到目前为止，交易费用理论一直是研究企业边界问题的主流理论。然而，随着企业知识理论的形成、发展，不断地对交易成本理论解释的主流地位提出挑战。

　　交易费用理论认为，市场运作是有成本的，资产专用性是影响交易成本高低的最主要因素（Williamson，1985）。资产专用性程度越高，为了规避交易所可能带来的高昂的交易成本，企业越倾向于纵向一体化。在基于不确定性对企业边界变化的影响分析中，目前学界的争论较大（Fan，2000；Mol et al.，2004；Robertson and Gatignon，1998；Williamson，1985；et al.）。无论是行为的不确定性还是技术的不确定性，在与企业边界变化关系的实证性研究中都没有得到相对一致的认可。交易费用理论在为企业边界变化提供了新的解释视角的同时也遭到了很多学者的批评，主要在于它没有考虑企业的生产属性，没有考虑在知识经济下知识对企业边界变化的影响。

　　企业知识理论从知识角度对企业理论的核心问题作出了新的解释。基于企业的异质性以及企业的生产属性（Penrose，1959；et al.），企业知识理论分析了知识在企业边界变化中的作用。学者主要从四个方面强调了知识的影响：知识转移的效率（Demsetz，1991；et al.）、知识创造的效率（Nonaka，Toyama and Nagata，2000）、知识使用的效率（Argyres，1996；

et al.），以及把知识与交易费用两个因素综合在一个分析框架中进行研究（Jacobides and Winter，2005；et al.）。但无论是交易费用理论还是知识理论，甚至两者的结合分析，都很少甚至没有从时间纵向维度对企业边界在历史长期中的扩张和收缩进行过分析。

企业知识理论（Jacobides and Hitt，2005；Jacobides and Winter，2005；et al.）认为，企业间生产优势的比较是决定企业是内部生产还是外包的决定性因素，当自身享有生产优势时，企业一般会内部化生产，否则会通过外包而享受外部企业专业化生产所带来的规模经济和范围经济优势。知识的转移是外部主体获取知识的最重要途径之一。如果知识成功地被转移，外部专业化生产企业就会享有规模经济优势和学习曲线优势（Williamson，1985；Afuah，2003，et al.）[①]，享有更低的生产成本，则企业会放弃内部生产，实行外包或从外部采购；当知识还没有转移出去时，外部企业并不能进行相关的生产，企业自身必须进行一体化生产。[②]

基于知识转移效率（Demsetz，1991；Conner and Prahalad，1996；et al.）的分析论述了知识属性对知识转移的影响，认为知识由于具有隐性特性，难于转移，因此当上下游环节的生产需要对方环节的知识时企业一般会纵向一

---

① 威廉姆森（Williamson，1985）在分析企业纵向边界决定时认为，相比企业内部生产，外部企业的专业化生产享有规模经济优势和范围经济优势，因此外部企业享有成本上的优势。如果单纯考虑生产成本对企业边界变化的影响作用，则企业自身不会再生产这类部件，而从外部企业采购，企业的边界缩小了。国内学者杨瑞龙等（杨瑞龙、刘刚、李省龙，2001）也认为，外部企业的专业化生产所带来的规模经济和范围经济优势能够为它带来更低的生产成本，具有生产上的优势。奥弗尔（Afuah，2003）认为，不但外部专业化生产企业享有规模经济优势，而且还享有学习曲线优势，从而享有生产成本上的优势。针对外部专业化生产所具有的规模经济优势，威廉姆森（Williamson，1985）以及莱昂斯（Lyons，1995）认为这是因为内部生产的产量太少达不到最小有效规模。同时，李雷鸣等人（2004）还认为，内部生产单位所具有的垄断特征以两种方式压制了提高效率的动机：一是内部需求方缺少对供给方表现进行判断的客观标准；二是内部市场往往缺乏有效率的价格制定，从而掩盖了内部供货单位的低效率。且内部生产一种投入品，也有可能产生明显的、负的组织外部性，而外包则能有效地降低或者消除这种负的外部性。

② 知识的转移并不会简单地导致知识的趋同性问题，也并不会消除企业间的合作。由于知识具有通用性，例如生产裤子的技术可以用来帽子等，从而不同企业间可以形成互补。更主要在于企业被转移的知识只是部分，且可能只是企业的非核心知识，因此知识源企业以及知识接收企业在将来存在进一步合作的可能，并不会简单地导致知识的趋同而丧失合作的基础。

体化生产。然而，知识还具有显性特性，显性化程度高的知识能够以较低的成本实现转移。但即使知识的显性化程度的提高以及其他影响因素产生作用，也只为知识的转移提供了更大的可能性，从而使知识能以更低的成本转移出去。从时间纵向维度考虑，在知识要大规模地转移出去，还必须具备各种转移的途径、方法，即各种知识转移机制要发挥作用。在当前社会，人才的大规模流动、信息技术的发展以及教育的发展，促进了知识的大规模转移，从而促进了当前愈演愈烈的业务外包现象。本书基于知识理论的分析，综合考虑人才流动、信息技术及教育发展等知识转移机制的作用，分析企业边界在时间纵向维度上变化的原因。

第3章

知识转移机制对企业边界
影响的分析框架

德姆塞茨等学者在论述知识转移对企业边界变化的影响时，强调知识属性的影响作用。他们认为，由于知识具有隐性特性，因此很难实现知识的转移，当上下游环节的生产需要对方的知识时，企业一般会选择内部生产相关零部件；当上下游环节的生产不需要对方的知识时，企业一般会选择从市场上采购的方式来获得零部件。其他的一些学者又进一步对知识属性的影响作用进行了分析，并对其他影响知识转移的因素进行了分析。各种知识转移影响因素对知识转移产生了重大的作用，从而对企业边界的选择产生了影响，如知识属性、知识源特性、接收方特性、情景因素等都对知识转移产生影响。

知识转移的实现还必须依赖于现实的各种方式、方法，或者各种机制的作用，如正式会谈、讨论等，转移机制不产生作用，则知识不可能实现转移。在20世纪70、80年代以前，知识的大规模转移一直未曾发生，企业的生产也一直以纵向一体化为主。从20世纪70、80年代开始，知识的流动速度越来越快，流动的规模越来越大，知识在更大的范围内实现了更快的转移，企业的"外部化生产"趋势也越来越明显。这与促进知识转移的各种因素、机制作用的发挥有着不可分割的联系。

本章一是对知识转移如何影响企业边界的选择进行分析；二是分别对影响知识转移的因素及机制进行分析；在前面分析的基础上，三是提出在时间纵向维度上影响知识转移的机制并提出本书的综合分析框架。

3. 1

知识转移对企业边界的影响

知识是企业竞争优势的源泉。当知识已实现向外的转移时，其他企业利用所掌握的知识进行专业化生产，充分享有规模经济效应和学习曲线效应（Afuah，2003，et al. ），从而可能享有更低的成本。在这种情况下，企业为了提高自身下游产品在市场上的价格等竞争力，必定会从其他企业处采购上游零部件，而放弃自己亲自生产这种零部件，企业的边界逐渐缩小。

3.1.1　基于竞争优势的企业边界决定

3.1.1.1　企业的竞争优势源泉

企业竞争优势一直是产业界及理论界讨论的热点问题。对企业来说，拥有竞争优势是企业持续发展的根本原因。对于企业竞争优势的来源，存在着很大的争论，主要有"外生论"及"内生论"两种观点。

"外生论"认为，企业竞争优势主要来自于企业外部因素。在新古典经济学中，企业是同质的，在完全竞争的市场上运行，因此各企业并不可能获得超额利润，享有竞争优势，只能分享平均利润。现实中企业间的利润及发展差异，使得新古典理论不得不对自身的前提假设作出调整，在不完全竞争市场下对市场结构进行分析。新古典经济学认为，在不完全竞争的市场上存在着垄断势力，再加上政府的保护和限制等原因，使得市场存在着进入退出障碍，导致了企业间发展的差异性。哈佛大学梅森（E. S. Masson）和贝恩（J. S. Bain）在前人研究的基础上提出了 S－C－P 研究范式，对某一产业的市场结构、市场行为与绩效的问题进行考察。对于企业间绩效的差异性，他们也从市场结构、市场行为等方面进行分析。

与新古典经济学的"外生优势论"主要以产业优势作为分析对象不同，战略管理理论研究企业竞争优势，强调外部环境等因素对企业竞争优势的影响。战略管理理论以哈佛商学院的波特（M. Porter）为代表。波特认为，企业的竞争战略主要有两个问题构成，一是产业选择问题，即从长期盈利能力和决定长期盈利能力的因素来认识各产业所具有的吸引力。各个产业并非都提供同等的盈利机会，企业所在的产业盈利能力是决定企业盈利与否的重要因素。二是竞争地位问题，即企业如何在已进入的产业中取得优势地位。不管在哪一个产业，总有企业更具有竞争优势，比其他企业获得更大的盈利。这两个因素共同决定企业战略的选择。在一个非常有吸引力的产业里，如果一家企业不具备有利的竞争地位，肯定不可能得到充分的发展；另外，一个具有优越竞争地位的企业如果栖身于一个前景黯淡的产业，也不能得到满意的利润。因此，企业制定战略应基于所属的产业，分析所属产业的结构状况。波特（1985）强调，"决定企业盈利能力首要的和根本的因素是产业的吸引力"，产业吸引力由五种力量（现有竞争者、潜在进入者、供方、买方、替代品）决定①。

然而，无论是新古典经济学还是以波特为代表的战略管理理论学派，都强调企业外部因素对企业竞争优势的影响，而把企业自身当做"黑箱"进行处理。因此，它们没办法解释为什么具有相同外部条件的企业具有不同的经济绩效。鲁梅尔特（Rumelt，1982）在进行实证研究时发现，同一产业内部长期利润率的分散程度要比不同产业间的利润率分散程度高得多。他的实证研究至少证实了产业结构等外部因素不是导致企业间绩效差异的最主要原因。在这种现实背景下，一些学者提出了企业竞争优势的"内生论"，分析企业内部资源、能力、知识对企业竞争优势的影响。

---

① 李海舰，聂辉华. 企业竞争优势的来源及其选择战略［J］. 中国工业经济，2002（9）.

以企业资源观、能力观以及企业知识理论为代表的"内生论"理论在近些年取得了迅速发展。资源观认为企业所拥有的各种资源是企业竞争优势的来源；能力观更进一步，认为企业配置、开发与保护各种资源的能力是知识竞争优势来源；知识理论则从更深的层次对企业竞争优势的来源进行分析，认为知识是企业最主要的资源，是企业能力的最终来源。企业知识具有路径依赖性、互补性及隐含性（李政，2005），难以模仿，不能替代，是巴尼（Barney，1991）意义上的企业最主要的资源①。知识作为企业最主要的资源，企业能力的来源，是企业竞争优势的源泉（Grant，1996，Nonaka，1991）。德鲁克（Drucker）在《后资本主义社会》中指出，"在现代商业社会中，知识绝不是众多普通资源中的一种，而是唯一有意义的资源。"阿尔文·托夫勒（Toffler）在《权力转移》中将知识看成世界经济中竞争力的最终源泉，这也解释了为什么在世界范围内对知识和沟通方式进行控制的竞争日益激烈。奎因（James Quinn）在《智能企业》（Intelligent Enterprise）中则指出，企业的竞争优势越来越取决于"基于知识的不可见资源"，如技术上的诀窍，产品设计和对顾客的深入了解等。

3.1.1.2　企业边界的选择

知识对于企业持续竞争优势的重要性使得在解释企业的存在、边界的变化等现象时必须充分考虑它的作用。而企业知识理论则对企业理论加以了发展，正好弥补了其他企业理论的不足，强调了知识在决定企业存在、发展及企业边界变化等过程中的重要性（Jacobides and Hitt，2005；Jacobides and Winter，2005；et al.）。

企业是异质的，每家企业为社会提供产品、服务的能力并不相同，在

---

① 巴尼（Barney，1991）认为，拥有具有价值、稀缺性、不可复制、无法替代等特性的资源是企业最主要的资源，是企业竞争力的来源。

为社会提供满意的产品、服务的同时获取收益的能力也有大的区别。企业为了实现自身利益的最大化，必须以尽可能低的成本提供为社会所接受的产品。对于一个需要经过不同环节生产出来的产品，它的成本主要包括两个方面，一是不同生产环节的直接生产成本，二是在生产过程中所发生的管理成本。如果企业必须从外部企业购买所需的部件，则不但包括这两类成本，还必须包括在采购过程中所发生的交易成本。因此，企业要以最低的成本生产出同样的产品，必须充分利用自身以及外部企业的生产优势，并以最低的交易成本从外部企业处购得所需的部件。如果自身在某一环节具有生产优势，享有更低的生产成本，则企业一般会自己生产；如果某一环节外部企业享有更低的生产成本，企业一般会从外部购买这种部件。当然，企业究竟是选择自己生产还是外部采购，还必须综合考虑自己生产所可能发生的管理费用以及从外部采购所可能发生的交易成本的大小。威廉姆森（Williamson，1985）在讨论资产专用性对企业治理模式选择影响时强调，企业内部生产成本、市场采购相同部件的外部生产成本、企业内部治理成本、市场治理成本共同影响企业治理模式的选择。随着资产专用性的增加，通过内部生产的成本与外部生产成本越来越接近，而市场治理的成本相比于官僚成本越来越高，因此企业倾向于内部化生产。假设自身生产成本为 C_I，市场采购相同零部件的价格成本为 C_E，如果不考虑管理成本及采购时发生的交易成本，则当 $C_I < C_E$ 时，企业内部化生产；当 $C_I > C_E$ 时，企业会外包相关生产活动。如果把内部管理成本（C_M）和外购交易成本（C_T）纳入分析，则当 $C_I + C_M < C_E + C_T$ 时，企业内部化生产；当 $C_I + C_M > C_E + C_T$ 时，企业外包相关生产性活动。

知识是企业竞争优势的最主要来源，是影响企业生产成本高低的决定性因素。当只有企业自身拥有某种部件的相关知识时，它毫无疑问拥有生产这种部件的生产优势，且外部企业也没办法进行生产，因此企业会选择内部生产，采取一体化生产行为；当其他企业也拥有这种知识时，由于外部专业化生产所享有的规模经济优势以及学习曲线效应，外部生产成本一般小于内部生产成本（Afuah，2003，et al.），企业则一般会选择放弃自身生产的方式，而从外部企业采购所需的部件，企业采取"外部化"行为。基于生产优势的比较，企业会选择不同的边界。

3.1.2　知识转移对企业边界的影响

作为企业获取知识的一种重要途径，知识是否发生了转移对企业的竞争优势会产生重大影响，从而影响企业边界的选择。当知识还没有被转移出去，只有企业自身拥有相关知识时，企业内部化生产成本要小于在市场上采购的价格成本；当知识被转移出去，由于外部企业专业化生产所带来的规模经济优势以及学习曲线优势，企业自身的生产成本大于在市场上采购的价格成本。根据前文的分析，当 $C_I + C_M < C_E + C_T$ 时，企业内部化生产；当 $C_I + C_M > C_E + C_T$ 时，企业外包相关生产性活动。

技术的进步，特别是信息技术的进步，使得内部管理成本和外购交易成本大幅度下降，对企业边界的选择产生重大的影响。目前不少学者就信息技术的进步对交易成本的影响进行了分析，从而分析企业边界变化的原因。信息技术可以有效地传递信息，促进双方交易；同时可以有效地整合不同环节的信息，有助于各方的协调（Malone et al.，1987[①]；Coombs and Metcalfe，2000）。迪威特和琼斯（Dewett and Jones，2001）则将信息技术的功能归结为两类，即信息效率功能（information efficiencies）和信息协同功能（information synergies），认为信息技术可以提高组织信息的收集、传递、处理和运用效率，节约所需的时间和成本；同时通过信息技术的协同功能，可以将单个个人或部门的信息进行汇总整合，以跨越组织边界，

---

① 马龙等人（Malone et al.，1987）认为信息技术在经济组织中可以起到"电子经纪"（electronic brokerage）和"电子整合"（electronic integration）的作用，"电子经纪"是指信息技术具有易于撮合买卖双方进行交易的功能；"电子整合"是指信息技术有利于价值链中相邻的两个活动环节之间的配合与合作。信息技术的"电子经纪"和"电子整合"的功能使企业在同一时间以极少的成本传输大量的信息，并且显著降低协调成本。

被更多的人所共享和利用。巴科尼（Balconi，2002）从对顾客需求的了解、技术的显性化以及资源或者产品的专用性三个方面的影响分析了信息技术的发展有助于降低交易成本。综合来看，信息技术对生产和交易的作用表现在五个方面，分别是辅助生产、监控与绩效评估、决策支持、处理交易和记录与沟通（Gurbaxani and Whang，1991）。他们比较一致的观点是信息技术的发展降低了市场交易成本，从而有助于市场化的发展。通过考察信息技术应用的相关影响，在信息时代经济组织形式趋于"中间化"（曾楚宏、林丹明，2006）。

然而，在没有考虑企业内部生产成本和外部生产成本的前提下，或者假设企业内部生产成本和外部生产成本不变的前提下，信息技术进步对企业边界的影响实际上并不清晰。信息技术的进步提高了市场交易效率，降低了市场交易的成本，这已得到学界的认同。同时信息技术的发展也对内部管理成本产生影响，大大降低了企业内部的协调成本，从上面的分析中也可知道一些学者对此也进行了相关阐述。由于信息技术同时对交易成本和管理成本产生影响，降低了交易成本和管理成本，因此对比 $C_I + C_M$ 和 $C_E + C_T$ 的关系，并不能理清两者的大小变化趋势，因此并不能认为随着信息技术的进步 $C_I + C_M$ 会越来越大，而 $C_E + C_T$ 越来越小，从而促进了企业的外部化。

实际上，信息技术进步不仅导致管理成本 C_M 和交易成本 C_T 的同时下降，而且也使得相关生产知识更加容易、更加可能实现向外部企业的转移，导致外部生产成本 C_E 相对于内部生产成本 C_I 越来越低[①]。在假设 C_M 和 C_T 不变或同比例下降的前提下，（$C_I + C_M$）相对于（$C_E + C_T$）越来越大，从而促进了企业的外部化。从一个国家、一个地区的范围来看，社会

---

① 按照威廉姆森（Williamson，1985）的观点，造成这种变化的主要原因在于资产专用性程度的降低。他认为，随着资产专用性程度的降低，相比较外部企业专业化生产所具有的规模经济优势和范围经济优势，一体化生产的劣势越来越大，企业内部生产成本越来越高于外部生产成本，所以企业一般会选择外部采购的方式。

的发展和技术的进步，使得知识向外转移的效率越来越高，转移的规模越来越大，从而越来越多的其他企业能够更加容易、快捷地获得相应知识，因此，基于生产优势的比较使得越来越多的企业选择外包相关生产活动，从而导致企业边界的缩小。

3.2

影响知识转移的因素

知识转移是一个过程，一般来说是指知识接收者获得与知识转移者相同知识的认知过程（Harem, Krogh and Roos, 1996）。这个过程是知识从知识转出方向知识接受方流动，以及知识接受方逐渐理解和掌握的过程，只有当知识接收者掌握了相关知识后，知识转移才可以算是成功的。从这个过程可以知道，知识的转移不但包括知识转出方的有意识的、主动的行为，也包括它的无意识行为，如知识的溢出等。知识能否成功地向外转移，受到多种因素的影响。从现有的研究来看，主要从知识属性、知识源的特性、接受者的特性、知识转移时的情境四个方面对影响知识转移的因素进行分析。在这一部分，将对现有的相关研究进行简单的评述，并对知识属性的影响作用进行更进一步的分析，在此基础上，导出对知识转移机制的分析。

3.2.1　相关研究

早在 1984 年，谢滇（Shedian）在对伊朗 50 家制造企业进行实证研究，提出知识转移绩效受到四个主要因素影响，一是环境特性，如市场规模、政策法规等；二是技术接收者与提供者双方的经验与管理能力；三是技术难易程度；四是技术转移方式。祖兰斯基（Szulanski, 1996）将公司内部最佳实践转移的阻碍因素归结为四类，一是被转移知识特性，包括被转移知识的因果模糊性和未经证实性；二是知识源特性，包括知识提供者缺乏转移知识的动机和不被信赖。知识拥有者可能因为害怕失去拥有权、优越感、权利地位等而不愿意与他人分享知识，也有可能是因为知识拥有者不愿花时间与他人分享，或者是分享知识并不会得到适当的回报和补偿；三是知识接收者特性，包括知识接收者的吸收能力和保持能力。在知识接收者愿意接收并非自己开发的知识的前提下，知识接收者吸收别人知识并整合内化为个人知识的能力也就至关重要；四是情境特性，无益的组织情境和不佳的人际关系会影响知识转移绩效。狄克逊（Dixon，2000）在对知识转移进行研究时，认为有三个因素会影响到知识转移机制的选择，以及转移的成功与否，一是知识接收者的特性；二是知识转移工作是否经常性发生；三是转移知识的类型。古普塔和戈文达拉扬（Gupta and Govindarajan，2000）在研究跨国知识转移时，认为不同国家间企业知识转移的影响因素主要有五项，一是知识自身的价值；二是知识转出单位的转移意愿；三是知识转移的通道；四是知识接收单位的动机；五是知识接收单位的吸收能力。简森和祖兰斯基（Jensen and Szulanski，2004）在研究组织间知识转移时，强调转移知识的特性、知识发送者的特性（缺乏动机；不被信赖）、知识接收者的特性（缺乏动机；缺乏吸收能力；缺乏保持能力）以及情景因素（无益的组织情景；不佳的人际关系）等方面的影响。从上述几名引用甚广的国外学者的观点可以知道，影响知识转移的因素主要有四个，一是知识的特性；二是知识转出主体的特性；三是知识接收主体的特性；四是知识转移时的情景因素。

针对这四种不同类型的影响知识转移因素，学者们分别对它们的作用进行了实证或者理论分析。随着知识的内隐性和复杂性越高，知识成功转移的难度也就越大（Simonin，1999）。知识的因果关系和效应越模糊，知识也就越难以完成转移（Szulanski，1996）。除被转移知识本身的属性之外，知识提供者和知识接收者双方的认知能力是影响知识转移的关键因素（Gupta and Govindarajan，2000）。知识接收者的吸收能力和知识保持能力在知识转移情境中处于中心位置（Szulanski，1996）。在知识接收者具有相应有吸收能力时，知识提供者的知识的潜在价值越大，知识接收者也就越有可能接受和使用该种知识（Gupta and Govindarajan，2000）。此外，知识转移双方的组织情境是影响知识转移的另一个重要因素。地理上接近性或感知亲近性促进了人与人之间的沟通和交流。高强度的整合实践，如跨职能部门会议和多部门的广泛参与大大增加了成功知识转移的机会。知识转移双方沟通渠道的丰富程度是影响成功知识转移的另一个重要因素（Gupta and Govindarajan，2000）。在现有研究中，就激励因素对于知识转移的作用研究还不多，结论也不统一。古普塔和戈文达拉扬（Gupta and Govindarajan，2000）研究发现激励因素有助于知识提供者转移知识，但是并非所有的研究都支持该研究结论，原因主要是部分研究并没有考虑知识转移的激励问题，或者研究发现激励对成功知识转移的影响并不重要。如祖兰斯基（Szulanski，1996）研究了成功知识转移的各种影响因素，发现激励因素与成功知识转移之间没有必然关系，而认知和情境因素则更为重要。

国内也有一些学者对影响知识转移的各种因素进行过分析、探讨，主要观点还是与国外学者相一致。王开明和万君康（2000）认为，无论是隐性知识还是显性知识，在转移过程中都有成本发生，成本的大小不仅取决于知识本身，而且还取决于接受者的天赋和后天的知识积累，不同的人在获取不同的知识方面存在着比较优势或劣势。常荔、邹珊刚、李顺才（2001）认为，知识转移成本的大小受知识因素、知识传递主体因素，以及环境因素的影响。知识因素包括知识的性质、内容；知识传递主体因素包括发送者和接受者的能力、经验和后天积累的知识等；环境因素包括技术基础、法律环境和社会体制等。任志安（2004）在基于有限理性及机会主义假设前提下认为知识的属性、知识转移主体特性、技术等因素都会对知识转移成本造成影响。国内的其他学者大多也强调知识转移主体、知识属性、技术三方面的影响作用（郑胜华，2005；周波、高汝熹，2006；

雷巧玲、赵更申、段兴民，2006；等等）。有的学者在对各种影响因素进行分析的基础上进行了实证分析，如疏礼兵（2006）在把团队内部知识转移绩效的主要影响变量分为知识特性、转移意愿、转移激励、关系信任、双方距离、接收意愿、吸收能力、知识转移机制的基础上，就各因素对团队内部知识转移绩效的影响进行了实证分析。

对相关研究分析发现，学者们比较一致地认为知识特性因素是影响知识转移的重要因素，但对于不同知识属性间的关系以及它们对知识转移的影响并没有得到具体的分析。同时本书的理论分析的基础之一也在于知识属性对企业边界的变化产生影响。因此，本书下一部分将对知识属性的影响作用进行更进一步的分析。

3.2.2 知识属性对知识转移的影响

本书前面部分已强调，知识有两种属性，一是显性知识，二是隐性知识，但从完全显性到完全隐性是一个连续的过程。它们分别具有不同的特性以及不同的表现形式，依存于不同的载体，因此在进行转移时所需的成本不同。

3.2.2.1 知识属性对知识转移的影响

显性知识主要包括技术秘密、专利等所，这种知识是可观察的（Winter，1987），可以通过正式的、系统的语言（野中郁次郎和竹内弘高，1998）或者文字进行传播，具有易表达性，因此借助于各种交流工具，能够以较低的成本实现向外的转移。它一般依存于某种物质载体，如纸张、磁介物质等。

与显性知识不同，隐性知识更多表现为企业文化、组织惯例，或者生产能力等。相对于显性知识，隐性知识难于编码，导致在知识向外转移时必须花费更大的成本。这主要是由于：

（1）隐性知识具有"黏滞性"（Szulanski，1996；Von Hippel，1994）。冯希皮尔（Von Hippel，1994）认为"黏滞性"（stickiness）为给定的单位信息采用给定信息寻求者可用的形式传递到某个特轨迹所需要的递增成本。当这种成本比较低时，信息的黏滞性较低；反之，黏滞性就高。黏滞性受到知识自身的属性、知识的复杂性以及知识接受者和接收者的能力等因素的影响。由于隐性知识很难被编码，很难用语言、文字表达，所以黏滞性很高，要实现隐性知识的转移必须付出高昂的成本。在谈到波兰尼认为隐性知识只能通过诸如师父带徒弟的方式传承时，冯希皮尔（Von Hippel，1994）认为这是一种成本高昂的传递模式。

（2）隐性知识具有情景专用性。企业的隐性知识是在企业所处的具体环境下产生的，野中郁次郎等人（Nonaka and Konno，1998）认为，知识是在"ba"中创造、使用的，带有很强的企业特性。由于情景专用性知识一般只适用于某个具体地点、时间的某项特定工作，因此它很难进行转移（Kogut and Zander，1992）。隐性知识的情景专用性一方面使得它很难从现有的情景中抽象出来而被转移，另一方面即使通过实现了知识的部分转移，也由于环境的不同而使知识并不能产生应有的作用。隐性知识的情景专用性使得它对新的环境具有排异性。组织文化是经过一代甚至几代企业员工共同努力所形成的，它虽然可以文字、图形等形式表达出经过抽象出来的核心理念，但已失去了其本来的主要思想。作为一种典型的隐性知识，组织文化具有深深的情景根植性，根植于企业现有的人文环境、员工以及技术环境等，很难把它移植到其他企业。虽然也有一些企业想"依葫芦画瓢"学习先进企业的组织文化，但最终都是以失败而告终，说明了隐性知识的情景专用性使得隐性知识很难实现转移。

然而，隐性知识难于实现转移并不能说明它不能实现转移。知识一般不存在是否能够转移的问题，而是转移成本大小的问题（Jensen and Meckling，1995；Foss，1999；苏方国、赵曙明，2005）。受到知识属性及知识转移成本的其他因素的影响，如果知识转移成本过高，则可能导致转移所带来的收益并不能弥补转移成本，知识转移的过程将不会发生。一是对于隐性程度高的知识可以通过显性化而实现知识的转移。隐性知识的显性化不是能不能的问题，而是显性化的收益能否弥补显性化的成本（Nelson and Winter，1982）。如果显性化的收益能够弥补显性化的成本，则知识的显性化能够顺利进行（Cowan et al.，2000），至少能够促进知识的显性化。库姆斯和凯琴（Combs and Ketchen，1999）也认为，专用性知识并不是不能转移，而是由于转移的成本很高而很少实现转移。二是隐性知识即使很难通过交易的方式实现转移，但能通过"情景专用性"学习（context-specific learning）等方式获得（Gorga and Halberstam，2006）。企业间的相互合作，使得外部员工能够深入企业内部进行实地学习，获取企业的隐性知识。三是绝大部分知识即不是完全的隐性也不是完全的显性，而是位于两者之间，因此显性化成本并不是如想象的高昂。知识很少是完全隐性或完全显性的，在绝大多数情况下知识是介于完全隐性和完全显性之间（Saviotti，1998），对于即不完全隐性也不完全显性的知识，在部分"圈内人"间容易实现转移。随着传播范围越来越大，掌握的人越来越多，显性化程度也就越来越高，实现转移也就越容易。知识的转移是个循环促进的过程，一旦实现转移，它就可能以乘方的速度实现扩散。汉森（Hansen，1999）也认为，隐性程度高的知识可以通过相互间亲密接触及面对面的交谈等方式实现转移。因此，为了更好地理解知识属性对于知识转移的影响，有必要进一步阐述显性知识和隐性知识间的关系。

3.2.2.2 隐性知识与显性知识的关系分析

（1）隐性知识与显性知识相互依存。隐性知识与显性知识在整个知识体系中是并存的，并不相互排斥（Polanyi，1966）。知识存在于组织或个人中，每个主体都同时具有隐性知识和显性知识。虽然我们在交流的过程中不断地显性化自身所掌握的知识，但总有一部分是无法用语言表达的，"只可意会不能言传"的知识仍大量的存在。波兰尼（Polanyi，

1962）认为，"我们了解的比我们能够说出来的更多"。从企业的角度看，显性知识是内部员工间相互交流的基础，只有有了这个基础，才能促进知识在内部的转移，并为新的隐性知识的创造提供条件。

所有的显性知识都根植于隐性知识。隐性知识是显性知识的基础，一切显性知识都有其隐性知识的根源。隐性知识相对于显性知识具有理论上的优先性。正如波兰尼所指出说："隐性知识是自足的，而显性知识则必须依赖于被默会地理解和运用。因此，所有知识不是隐性知识就是根植于隐性知识。"（Polanyi，1969）显性知识的增长是一个隐性过程，显性知识的应用和理解也依赖于隐性知识。隐性知识的意向性和动态性决定了知识及技术的活动，因而是个人或组织产生正确知识的源泉，也是显性知识增长的基础。人的隐性知识在显性知识的价值挖掘过程中起了主要作用，是使知识为决策、为解决问题服务的关键环节。隐性知识与显性知识的相互依存关系，使得我们不能把两种知识对立起来，并过分地强调某一种知识的作用。

（2）隐性知识与显性知识相互转化。随着时间的流逝及社会的发展，隐性知识和显性知识不断的相互转化。当前社会，知识存量迅速增长，知识结构也在不断地发展变化。野中郁次郎（Nonaka，1991，1995）认为，由于隐性知识与显性知识的相互转化，新的知识不断创造出来。存在于个体当中的隐性知识经过社会化过程转移到了其他主体当中，但仍保持隐性的特性；经过外部化过程，隐性知识转化为显性知识；再经过显性知识的整合过程，以及把显性知识转化为隐性知识的内部化过程，新的一轮知识创造过程又开始了。其他学者在讨论知识创造时也分析了知识的相互转化问题。博伊索特（Boisot，1998）认为，在基于编码、抽象、扩散三维"信息空间"里社会学习周期的不断循环创造出了新的知识。在他讨论社会学习周期的循环时，认为隐性知识与显性知识不断地相互转化是整个过程不可缺少的组成部分。国内也有学者基于知识的不断转化对知识的创造进行研究，如有的学者（崔浩等，2005；杨德群等，2004）把隐性、显性知识的转化与不同层次的知识结合起来进行分析，提出了组织知识创造的动态螺旋模型。社会发展的过程也是隐性知识显性化的过程，很大部分隐性知识随着技术的进步、社会的发展而逐渐显性化。沃斯伯勒和纽伯文（Vosburgh and Newbower，2002）认为在医药行业过去很多的隐性知识目前都显性化了。

（3）知识的隐性和显性是相对的。把知识分为隐性知识和显性知识，并不表示隐性知识或显性知识是绝对的，知识只存在着"两极"。柯加特和赞德（Kogut and Zander，1993，2003）提出，知识并非严格的极化为隐性知识和显性知识的两分法，在知识的隐性和显性之间存在一个连续带，显性知识和隐性知识处于知识谱系的两端。这可以从两个方面理解，一是在同一时点上存在着不同隐性程度的知识；二是随着时间的变化原来隐性程度高的知识会逐渐地降低地其隐性程度。很多学者认为，在同一时间知识的隐性程度是一个连续的变量，在现实中存在着连续不同隐性程度的知识，在具有最高隐性程度的知识到完全显性化的知识间，还存在有一些具有一定隐性程度的知识（Cowan et al.，2000；Edmondson et al，2003；Saviotti，1998；et al.）。知识很少是完全隐性或完全显性的，在绝大多数情况下知识是介于完全隐性和完全显性之间（Saviotti，1998）。格里马尔迪和托里西（Grimaldi and Torrisi，2001）认为，当一个"认知社区"（epistemic community）中的成员都还没有密码本（codebook）时，知识是完全隐性的，这通常是指过程技术（process technologies）、新的科学学科（new scientific discipline）等。这些知识隐藏于惯例、习俗、程序等当中。在一个社区里面，存在着共同知识，但知识还没有条理化，此时知识隐性程度相对更低，表现为"行话"等。此时知识还很难转移到外部。如果知识既有显性化又有条理化，则相对容易转移。知识的隐性程度还随产业、产品的复杂程度及技术变化速度的不同而不同（Grimaldi and Torrisi，2001）。产品越复杂，企业越必须与外部相关机构进行合作，从而促进了知识的显性化。技术变化速度越快，企业也必须与外部进行合作，必须进行知识的显性化工作。简森和迈克林（Jensen and Meckling，1995）在分析知识的专用性和通用性分类时，也认为知识的专用性与知识的通用性之间是一个连续的变化过程，分处两端的是完全专用和完全通用的知识。

隐性知识的非绝对性还表现在随着时间的流逝和技术、社会的发展原来隐性程度高的知识会逐渐地降低其隐性程度。温特（Winter，1987）认为，知识的显性化是个过程。对于隐性程度高的知识，显性化不可能一蹴而就，必定是个隐性程度逐渐降低的过程。随着技术、社会的发展，人与人间的交流越来越多，各种知识也更容易获得，从而知识的显性化程度越来越高。"行话"在专业知识的转移中起着非常重要的作用，"行话"的形成实际上就是对原来隐性非常高的知识的显性化，随着"行话"越来越普及，知识的显性程度也越来越高。如各种网络语言的出现，它一开始只在小范围内使用，只有少部分人知道它的意思，随着使用的人数越来越多，逐渐成了通用语言。沃斯伯勒和纽伯文（Vosburgh and Newbower，2002）就认为，在医药行业中过去很多的隐性知识目前都显性化了。王和拉德克利夫（Wong and Radcliffe，2000）也认为，即使同一知识，随着社会发展显性程度也会逐步提高。

3.2.3 简单评述

学者们对于影响知识转移的几个因素进行了很多研究。毫无疑问，它们对知识能否成功转移的影响巨大，但并不能说明在这些因素的作用下知识大规模转移就一定会发生。

在不同时期，各种影响因素都在产生作用，促进知识的转移。对于隐性程度高的知识，显性化进程一直在持续，从而有助知识转移。从企业的立场看，企业有显性化知识的需求。（1）企业知识的积累要求知识显性化。作为依附于个体的"个人知识"，它具有不可剥夺性（Rosen，1987；

Barzel，1977）①。"个人知识"的不可剥夺性，使得它与其主体一起共存。当企业作为一个组织并没有掌握相关知识时，一旦"个人知识"主体从企业流走，企业则会缺乏相关知识，使相关生产活动无法进行，遭受重大的损失。因此，对于隐性程度高的"个人知识"，企业必须先予以显性化，如此才能储存于企业内部，并实现知识的共享（冯丹龙，2006）②。（2）企业知识的创造要求显性化知识。新知识的创造是项集体活动（Saviotti，1998），依赖于不同员工间的相互合作，特别是复杂知识的创造，单纯依赖个人根本无法完成。由于团队成员间相互交流、相互合作的基础在于各方有"共同知识"③，因此，知识显性化工作则显得至为迫切。这可以通过两个方面说明，一是知识显性化后才能在员工间迅速地普及，实现知识的共享；二是员工间具有相同的知识结构后更加促进员工间相互的交流，进一步促使"共同知识"的形成。考恩和福瑞（Cowan and Foray，1997）在分析显性化知识的收益时，认为企业对知识进行显性化，促进了知识在员工间的共享，增加了各部门进行知识创造的机会。李和苏（Lee and Suh，2003）在分析信息技术在韩国企业知识转换中的作用时发现，不论是外国企业还是韩国本地企业都非常注重企业知识的显性化，以便能实现知识在员工间的共享，从而促进知识的创造。（3）企业的技术转让

---

① 罗森（Rosen，1987）等人认为，人力资本天生与其载体具有不可分离性，它只能依附于其主体，且只能是活生生的个人，人力资本具有不可剥夺性，一旦形成，则其他主体无法使人力资本与其载体分离。知识同样具有这种特性，它一旦被掌握，其他主体无法剥夺知识主体对它的使用权。

② 冯丹龙（2006）认为，在知识管理过程中由于个体人力资本的产权特征决定了个体人力资本与其所有者具有不可分离性，同时员工的流动也是不可避免的。如果核心员工离开企业，将带走企业最宝贵的资产。因此，企业需要在员工为其工作的过程中，将员工个体的知识、能力和价值观转移到企业中，将员工的个体人力资本转化成企业组织资本，降低企业组织对个体人力资本的依赖程度和企业的人力资本投资风险。

③ 共同的知识基础强调员工的知识结构中有重叠的知识，重叠知识越多，则相互间在交流时越能够理解对方的意思。Lawson and Lorenz（1999）在他们分析产业集群（industrial cluster）的竞争优势时，分析了集群中各类经济主体由于经常性的互动促进了"共同语言"及"知识基础"的形成，从而提高了集群中主体相互间的交流效率和信息的传递速度。企业中也同样地存在着这种现象。

要求显性化知识。技术就是一种显性化程度很高的知识。企业为了从技术转让中获益，同时受到企业间的竞争压力的影响①，必然自身的知识进行显性化，以进行技术的转让。鲍默尔认为，技术转让有利于将创新过程的外部性内部化，增强企业的技术优势（Baumol，2002）。因此，知识显性化程度的提高，有助于降低知识转移的成本，同时知识的显性化过程也在一直持续着。知识转移其他几个影响因素也持续发挥作用。无论是知识转移方的发送意愿，还是知识接受方的接收意愿，更多地受到转移的成本、收益的影响，在不同时期都有可能存在知识源具有较强或较弱的发送意愿的情况，知识接收方同样如此。知识转移时的情景因素更多的是受到各方人际交往密度的影响。当人际交往密度高时，人与人间能够增进了解，能够提高相互间的信任程度，从而有助于知识的转移。而双方地理空间距离的远近是影响交往密度的一个非常重要的因素。

通过上面的分析，知道无论是知识的属性，还是发送者意愿、接收方意愿、知识转移时的情景环境等，在不同时期并不会存在很大的差别，因此并不会导致在不同时期知识转移的规模和速度有很大的差别。但是从时间纵向维度比较知识转移的规模以及速度，却发现20世纪70、80年代之前与当前有很大的差别，现在是一个信息（知识）爆炸的时代。显然单纯从上述这些因素并不能解释为什么存在这种巨大差别，必定有其他的因素还没有纳入考虑范畴。无论是知识显性化程度的提高，还是其他三种因素作用的发挥，都只是为知识的转移提供了可能性，但知识的成功转移还必须依赖于相应的工具，需要各知识转移机制发挥作用。只有在具有了相应的工具后，知识才能以较低的成本实现转移，也才能实现大规模地快速转移。基于这种理解，就可以较好地解释为什么在时间纵向维度20世纪

---

① 市场技术标准的形成，能够使企业获得市场技术的垄断地位，最主要的在于企业自身由于具有相关知识积累的优势，能够占据技术发展的高端位置，引领技术发展之先潮，从而一直获得技术垄断的收益。企业实行对外技术转让，有助于技术标准的形成。同时，技术的对外转让有助于技术转让双方形成合力，共同促进新技术的研发，增强企业的技术优势。

七八十年代以前知识的大规模转移并没有发生，之后则知识转移的迅速越来越快。下一部分将对促进知识转移的工具，即转移机制的论述进行分析论述，并且总结出本书要进行分析的各种机制。

3.3

影响知识转移的机制分析

知识转移影响因素作用的发挥以及知识转移机制的作用共同促进了知识的转移。影响因素的作用为知识转移提供了可能性，而知识转移机制的作用则为知识转移提供了实现工具。

从现有的文献看，一些学者对知识转移机制或者转移工具进行了研究，但主要是针对公司或者联盟范围内。通过对文献进行归纳、总结，可以发现知识转移机制主要有几种，一是通过情景性学习（"师傅带徒弟"）、交流与讨论等面对面交流的方式，二是通过培训教育等方式，三是通过信息技术等媒介。阿普尔亚德（Appleyard，1996）在对美国和日本的半导体和钢铁产业进行调查后，从知识可获得性和使用方式角度对知识转移机制作了分类，一是公共知识的转移机制；二是可获得性私人知识的转移机制。公共知识的转移机制包括使用受限制的专利技术转移以及使用不受限制的阅读内部简报、公开出版物、参加公司会议等形式；可获得性私人知识的转移机制包括使用受限制的部门访问、参与研发以及受使用不受限制的电子信息沟通和面谈等形式。英克彭（Inkpen，1996）对位于北美的40多家美日合资企业作了调查后，把他们的知识转移机制作了分类，即知识共享协议，如技术联席会议、定期工作访谈、技术培训、生产或产品设计外包、设备借入、工程师短期借入等；合资企业与母公司间的人际互动；建立战略性连接，即通过联合发展战略，建立更加紧密地管理或结构性联系，或者与设备、零部件和原材料供应商以及产品设计公司、咨询公司建立长期合作关系；双方人员暂时或永久性的轮换。斯威比

（Sveiby，1997）认为，无形资产可以通过两种方式在人与人之间转移，即通过信息技术或通过人与人间的直接传授。信息技术主要转移显性程度高的知识；人与人间的直接传授主要转移隐性知识。

梅迪亚和格兰特（Almedia and Grant，1998）从知识默会性出发探讨了企业知识转移的方法，分别可以归类到人际沟通、编码传播和内嵌转移三大类。人际沟通的方法有人员迁移、电子邮件、团队合作、电话联系、视频会议、当面商谈、培训研讨会（课程培训）、特殊知识转移团队（利益共同体、事务共同体）；编码传播包括电子数据交换、传真、文字报告或手册；内嵌转移包括产品、设备、规则、工艺程序和生产指令等。特鲁兰（Truran，1998）认为知识可以通过口头、文字、媒介三种方式传递，隐性知识一般经过口头的方式传递；显性知识则通过文字进行传递；而媒介主要指电子邮件、传真等方式，它可以有效地传递知识。阿尔比诺、加拉韦利和斯楚玛（Albino，Garavelli and Schiuma，1999）则认为组织知识转移的媒介有规则、表格、流程、资料库、人际媒体资源等。达文波特和普赛克（Davenport and Prusak，1998）在对前人研究进行研究的基础上，认为有五种组织知识转移的方式：一是面对面的会议。正式的会议设计，有利于员工间直接进行问题的探讨，减少员工摸索的时间。二是茶水间和谈话室非正式谈话。非正式的空间通常是员工进行知识交流的场所，随机性、非正式的谈话，往往能为公司激发出新的想法，这是指导式的讨论。三是研讨会与开放的讨论。提供员工非正式交流，以及意见表达的地点与场合。四是伙伴合作或师徒传承。员工在工作上所累积的知识，往往有无法外显的部分存在，此时通常需要密集的亲自接触才能进行转移，而转移最有效的方式之一即是通过伙伴合作、良师指导或是师徒传承，在做中学的过程中达到知识转移的目的。五是信息通讯技术。相对显性的知识转移，可借用信息通讯技术来完成。在综合以往学者研究成果的基础上，卡明斯和邓（Cummings and Teng，2003）对知识转移的主要方式进行了较为系统的归纳和整理，列出了文献中所提到的 14 种主要方式：文件交换、沟通交流、报告会、协调会、对话会、知识接收者对知识提供者的参观、知识提供者对知识接收者的参观、知识接收者到知识提供者进行工作轮换、知识提供者到知识接收者进行工作轮换、共同技术培训、文化培训、共同项目团队、共同开发团队、共同管理会议。他们将所有的知识转移方式归纳为两类典型机制，即高级转移机制和基础转移机制。

国内的一些学者也进行过相应的研究。关涛（2005）在对跨国公司内部知识转移进行研究时把知识转移机制分为两类：第一类是以文字编码传播或嵌入工具形式进行的知识转移，如跨国公司内部文件交换、指导手册、产品或生产线转移、专利技术转让、电子数据交换、电话沟通等，笔者把它界定成初级转移机制；第二类是以人际互动或嵌入惯例、规则等形式的知识转移，如工作轮换、访谈、跨国培训、团队合作、管理输出协议、战略联盟等，笔者把它界定成高级知识转移机制。初级转移机制转移的知识以明晰的、可表达的、可编码的、嵌入工具的知识为主；而高级转移机制以默会的、不易表达的、嵌入人员和惯例的知识转移为主。笔者认为，由于具体的知识转移手段是和知识类型相对应的，不同类型的知识要求选择不同的手段。如果是可编码或易表达知识，通过交换文件、指导手册、视频信息等就可以做到；如果转移以传授知识，可以选择短期培训、专家指导、面谈等手段；如果转移嵌入产品、工具的知识，可以转移这些产品、生产线、技术工艺等；而转移默会知识或嵌入规则、惯例的知识，则需要较多的人际互动，如工作访谈、组建团队、业务协调、建立联盟等形式。另外，选择何种知识转移手段同样要受到知识转移双方的比较情境的限制，如地理距离太远，广泛的人员接触就不太现实，但是文件交换、电子信息平台的信息交流、电话沟通等"非面对面"的方式采用的就比较多；如果关系距离较远，工作协调与合作的可能性就要小一些，但可能会采取转移产品、技术或文字信息交换等形式。

于鹏、曲明军（2006）把知识转移的渠道分为两类，一是正式整合机制，二是社会化机制。他们认为，正式整合机制是指建立在正规的体系、政策和标准之上的协调模式，有利于显性知识的共享和转移，而对隐性知识的转移则益处不大。如果一个子公司与全球网络中的其他单位之间通过正式整合机制的联系越广泛，它们之间的沟通密度越高，传输渠道也越丰富，从而有利于知识的转移。社会化机制是指在不同子公司之间建立个人间亲密关系、个人亲和关系以及个体间认知趋同性的一种组织机制，它是一种个人之间的、非正式的沟通与交流。疏礼兵（2006）在对研发团队内部的知识转移进行分析时，结合相关学者的研究成果，发现研发团队内部技术知识转移主要通过文件资料、技术报告、数据库、参观学习、师徒制、沟通交流、在职培训等方式。在受相关学者的研究启发后，结合实证研究的需要，他把研发团队内部知识转移方式归纳为"文档传递"和"人际互动"两种典型机制。文档传递转移机制主要用来转移结构化的有形知识；而人际互动转移机制则需要员工参与其中，大多转移的是非结构化的隐性知识。在实践中，由于被转移知识本身的复杂性和多样性、知识转移双方的背景和个性差异、转移情境的变化性，因此在现实中不可能简单地使用单一知识转移机制，而更多的是以某一种知识转移机制为主，其他转移机制作为补充和支持。

通过对现有文献的回顾可以发现，虽然在跨国公司内部、联盟内部有情景性学习（师傅带徒弟）、交流与讨论等直接交流方式、培训教育，以及通过信息技术等各种转移的途径、方法，但可以归纳为：（1）人才的流动。通过人才的流动，才能够融入实际工作情景，实现情景性学习；并通过人才流动，人们相互之间进行讨论、交流。（2）通过信息技术等媒介物。（3）教育培训。通过教育培训，实现了文字等显性知识的转移。但同时也可以发现，目前这些研究主要是针对跨国公司内部、战略联盟内部以及企业合并过程中的知识转移，而对知识在区域范围内不同企业、不同主体间转移的机制研究较少。实际上，知识要在一个区域范围内实现大规模迅速转移，从根本上也必须借助于人才流动、教育培训，以及信息技术等机制作用的发挥。人才流动、教育培训以及信息技术的发展，为知识在一个区域范围内实现大规模转移提供了现实条件。

3.4

知识转移机制对企业边界影响的一个综合分析框架

企业边界的变化取决于企业内部生产时所产生的成本与外部采购时所发生的成本比较，即（$C_I + C_M$）和（$C_E + C_T$）的大小比较，当 $C_I + C_M > C_E + C_T$ 时，企业一般会选择外包相关生产活动；当 $C_I + C_M < C_E + C_T$ 时，企业一般会内部化生产相关零部件。假设 C_M 和 C_T 不发生变化或发生同比例变化，则企业是内部化生产还是外包取决于企业自身是否具有企业成本优势。当相关知识只有企业自身掌握时，外部企业并不能为企业提供合适的产品，因此企业只有自身生产；当知识发生了转移，其他企业掌握了相关生产性知识，这些企业在专业化生产过程中享有规模经济优势以及学习曲线效应，因此能够提供更加便宜、合适的部件，这时企业一般会放弃自身生产，而采用外包方式。因此，企业究竟是采用内部化生产还是外包的方式就取决于知识是否实现了转移。

在前面已分析过，在一个地区范围内要实现知识的转移，除各种影响因素要发挥作用外，还必须有合适的转移途径，即人才流动、信息技术以及教育培训三种转移机制是否能极大地发挥作用。在 20 世纪 70、80 年代以前，由于这些机制发挥的作用小，知识转移速度慢、规模小，更多的企业选择一体化生产；而随着这些机制作用的发挥，知识实现了更大程度的转移，更多的企业选择外包。

人才的流动促进了知识的转移。人才的流动是实现知识转移的重要方式之一，使得知识能够以较低的成本实现转移。知识附着在个体身上，并不能像物质资产一样被禁止转移（Barzel，1977，周其仁，1996）。无论是通过与企业内部技术人员交流、讨论获得知识的企业外部人员，还是原来企业内部技术人员，当知识主体进入新的企业或其他组织时，能够很容易地通过团队学习、工作等方式把自身掌握的显性程度高的知识转移到新的伙伴中，即使对于隐性程度高的知识，其他员工也能够通过观摩、面对面交流等方式获得。因此人才的流动对于知识的转移有巨大的促进作用。

信息技术的发展促进了知识的转移。信息通信技术的发展拉近了人与人之间的空间距离，使得处于不同地方的个人能够实现相互间的交流。网络视频、传真以及电话技术的发展，轻易地实现了人与人间的远距离交流，实现显性程度高的知识甚至隐性程度高的知识的传递（Lee and Suh，2003）。网络、信息技术的发展，有助于搜寻各种显性知识，实现显性知识的大范围传递。信息通信技术的发展还有助于知识的显性化。通过人与人间的交流及各种显性程度高的知识的传递，增强了接受方的知识吸收能力，提高了各方对知识进行编码的能力，从而促进了知识的显性化。大卫和福瑞（David and Foray，1995）认为，信息通信技术的发展使得显性知识更加普遍。科汉德和斯坦米勒（Cohendet and Steinmueller，2000）认为信息通讯技术的发展降低了知识显性化的成本。

教育培训的发展促进了知识转移。通过接受各种普及型或者专业化的教育，以及各种专业性的技能、技术培训，积累的知识实现了向包括企业内部员工以及其他外部人员的迅速转移，提升了企业员工以及整个社会的整体技术水平。

在各种知识转移的影响因素及机制的共同作用下，知识实现了向企业外部的转移。但本书主要研究知识转移机制对知识转移以及企业边界变化的影响。基于前述的分析，本书主要选取人才流动、信息技术使用以及教育培育三种机制进行分析。这样，本书的分析框架可通过图 3 – 1 表示。

为了更好地理解各种机制对知识转移以及企业边界变化的影响作用，下面部分将对人才流动、信息技术发展以及教育培训发展三种机制进行详细论述，阐述它们的作用。

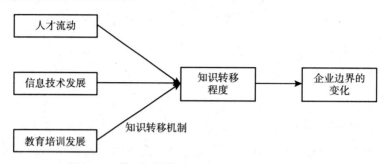

图 3 - 1　基于知识转移机制的企业边界变化分析

第4章

人才流动与企业边界变化

知识能否实现成功的转移受到多种因素以及机制作用发挥的影响。各种影响因素的作用只为知识转移提供了可能性，知识转移的实现还必须借助于各种知识转移机制作用的发挥。人才的流动、信息技术的发展、教育的发展有力地促进了知识的流动，实现了知识的快速、大规模转移。本章将对人才流动机制作用的发挥进行详细的分析，在第5章和第6章将分别对信息技术的发展和教育的发展两类机制的作用进行分析。

4.1
人才的流动

4.1.1 人才及人才流动内涵

相对于一般劳动力，人才是指具有一定的专业知识或专门技能，进行创造性劳动并对社会作出贡献的人，它是一般人力的一部分，其区别在于人才具有某种特定的劳动技能和创造能力。人才具有不同的内涵，它是一个相对的概念，是相对于一般劳动力而言的；它是阶段性的概念，不同时期、不同阶段有不同的人才标准；它具有不同的层次性，从级别上可分为高层次人才、一般人才，从类别上可分为科技型人才、管理型人才、文艺型人才等。

自新中国成立以来,我国人才标准经历了三个阶段。[①] 第一阶段是在新中国成立以后,毛泽东在 1957 年全国宣传工作会议上提出,"我们的国家是一个文化不发达的国家。五百万左右的知识分子对于我们这样一个大国来说,是太少了。没有知识分子,我们的事业就不能做好,所以我们要好好的团结他们。"但由于受阶级斗争为纲的影响,在使用中把人才仅作为"团结的对象",用人看成分看出身,使许多德才兼备的人才由于所谓"成分不好"没有得到启用。第二阶段在 1978 年以后,遵循邓小平同志提出的"尊重知识、尊重人才"的教导,在人才工作中建立了以"学历和职称"为主要内容的人才标准。在 1982 年全国人才工作会议上,确定"学历在中专以上,职称在初级以上的就是人才"标准。第三阶段是在 2002 年以后。根据党的"十六大"确定的"尊重劳动、尊重知识、尊重人才、尊重创造"的重大方针,第一次提出在坚持德才兼备的原则下,把品德、知识、能力和业绩作为衡量人才的主要标准,建立了判别人才不能仅看学历或职称的高低,而主要看实际能力和贡献大小的"新人才标准"。从"重成分"、"重学历"到"重能力",我国人才标准与时俱进,逐渐走向科学。进入 21 世纪,人才必须是创新型人才,必须拥有创新意识、具备创新能力、能实现创新成果价值的人,这一标准的核心就是创新。

人才流动是一个社会性概念,有狭义和广义之分。[②] 狭义的人才流动指组织间的流动,也就我们通常所说的"跳槽";广义的人才流动是指人才从一种工作状态到另一种工作状态的变化,工作状态可以根据工作的岗位、工作的地点、职业的性质、服务的对象及其性质等因素来确定。它包括宏观和微观两个层面。宏观的人才流动主要表现为人才从一个部门流动

---

① 相关论述具体参见"人才标准——MAB 智库百科",http://wiki.mbalib.com/wiki/%E4%BA%BA%E6%89%8D%E6%A0%87%E5%87%86。

② 相关论述参见"人才流动——MBA 智库百科",http://wiki.mbalib.com/wiki/%E4%BA%BA%E6%89%8D%E6%B5%81%E5%8A%A8。

到另一部门,从一个地区流动到另一个地区,从一个国家流动到另一个国家。微观的人才流动则表现为人才从一个行业流动到另一个行业,从一家企业或单位流动到另一家企业或单位,从一个岗位或专业流动到另一个岗位或专业。

4.1.2　人才流动规模的不断扩大

目前,人才的大规模流动已成为一种显著的社会现象。人才在国家之间、地区之间、企业以及不同主体之间大规模流动,促进了人力资源的不断开发,推动知识在不同国家、地区以及主体间的转移。在人才大规模流动的同时,人才流动率迅速提升。研究还显示,当前北京软件和信息服务外包产业人才流动率较高,企业人才平均流动率达 18.28%,这和缺乏培训、业务来源不稳定、报酬机制不够合理等因素有关。[①] 由于当前我国产业发展仍保持高速迅速,人才供不应求现象日益突出,尤其是本地化人才和中高级管理人才招聘困难,许多都需要通过猎头才能找到,预计未来几年,产业人才之"痛"还将进一步加深。

4.1.2.1　国家间人才流动的规模日益扩大

发达国家间的人才流动规模不断扩大。据估计,2003 年整个欧盟大约有 40 万高级人才在美国工作。据澳大利亚研究生协会调查,该国的研究生外流人数正以每年 10% 的速度增长,仅 1992 年就有 60% 的自然科学研究生毕业后外流,这些外流的研究生多是流向其他发达国家。《欧洲 2003 年度科技指标报告》指出:在美国工作的欧洲籍高级研究人员有

---

① "北京:软件外包人才流动率与规模不平衡",中国软件网,http://soft6.com/html/news/2/20096.shtml。

75%宁愿继续留在那里。①

　　发展中国家或地区向发达国家的人才流动数量急剧增长。发展中国家或地区人才向发达国家流动是人才跨国流动中的一个非常明显的现象。据世界银行统计，仅仅在1969～1979年的10年间，美国就接受了近50万名有专门知识和技术的外来移民，其中3/4来自发展中国家或地区，他们中的一半来自亚洲的发展中国家或地区。据估计，从20世纪60年代到90年代，发展中国家或地区流入发达国家的技术移民总数超过了200万人。1978年到2009年年底，我国各类出国留学人员总数达到162万人，出国留学人数年平均增长率25.8%，出国留学规模扩大了267倍。②

　　进入21世纪以来，面对知识经济时代的智力竞争，一些发达国家为了吸引更多的创新人才以支持本国创新技术与创新型产业的发展，不仅扩大外国留学生的招生规模，而且进一步开放就业市场，直接从国外招聘急需的专业技术人才。美国、德国、法国、英国和日本近年来纷纷调整移民政策，加大吸引、留住创新人才的力度，它们不但吸引人才的永久性流动，而且更大规模地通过暂时性流动吸引人才为自己服务。美国虽然在诸如美国专业职业人员（H1B）（具有专业职业的劳动力）入境种类上规定了配额，如2001～2003年H1B有19.5万人的配额，但并没有严格地执行配额，而且限制条件也经常进行修改。根据表4-1，美国专业职业人员（H1B）的非移民入境人数，已成为第二大入境人群，2001年为38.42万人，比1990年增加了近2倍。按H1B身份证领受人员前6位的输出国是，印度、中国、加拿大、菲律宾、英国、韩国，其中印度占总人数的一半。

---

　　① 《全球化背景下的人才跨国流动》，中国网2004年12月28日，http://www.china.com.cn/zhuanti2005/txt/2004-12/29/content_5741990.htm。

　　② "国际化人才流动更加频繁"，《新京报》（电子版），2010年11月11日，http://epaper.bjnews.com.cn/html/2010-11/11/content_167819.htm。

表4-1　　　　　　　　　美国主要入境种类的非移民入境人数　　　　　　单位：万人

主要入境种类	1985 年	1990 年	1995 年	2000 年	2001 年
暂时性商务访问人员（B1）	179.68	266.13	327.53	n. a	n. a
专业职业人员（H1B）	4.73	10.05	11.76	35.56	38.42
暂时性非农业劳工（H2B）	n. a	2.78	1.42	5.15	7.24
公司内部调动人员（L1）	6.53	6.32	11.21	29.47	32.85
交流访问人员（J1）	11.09	17.43	20.11	30.42	33.99
协定交易人员（E1）	6.54	7.89	5.36	5.12	5.14
协定投资人员（E2）	3.11	6.89	7.82	11.70	12.71

资料来源：《人才流动与服务贸易自由化》。

近几年来，欧洲、美洲和亚洲等地区的区域内部人才流动成为当前人才跨国流动的一个新趋势，人才从发达国家回流的趋势也日益明显。经济合作与发展组织于 2002 年发表的一份题为《高技能人才的国际流动》的政策摘要指出，加拿大、法国、德国、瑞典和英国等国家流向美国的人才主要是从事临时工作的各种人员，如博士后、研究人员、跨国公司工作人员等，而从事永久工作的人员相对较少。这意味着可能回国工作的人员越来越多，因此，在当前的人才跨国流动中人才循环的流动模式越来越明显。例如，一项调查显示，1999 年在国外攻读博士学位的法国籍博士生，多数已经计划毕业后回法国，只有 7% 的打算继续在国外工作。[①] 同时，随着产业转移不断向新兴国家、发展中国家或地区转移，技术人才从发达国家或地区回流的现象也越来越明显。经济全球化进程的加快，使得产业从发达国家或地区向发展中国家或地区转移的速度也越来越快，一些高技术产业在发达国家刚刚形成规模，其生产网络，甚至研发网络很快就会转移到发展中国家或地区，并迅速产生溢出效应。与此同时，技术人才也紧

---

① 《全球化背景下的人才跨国流动》，中国网 2004 年 12 月 28 日，http://www.china.com.cn/zhuanti2005/txt/2004-12/29/content_5741990.htm。

跟着高技术产业的国际转移而迅速流动到发展中国家或地区，形成研发人才集中在发达国家，应用人才向发展中国家或地区集聚的新趋势。"'东亚奇迹'的出现，与大量外派出国留学人员，然后这些人员回流母国，是有很大关系的。这些回流的创新人才不仅把欧美的先进技术扩散到母国，而且还建立起有效的国际社会网络，不断地传播先进国家的技术信息和市场信息，促进资本的国际流动和贸易与技术转让的全球化。"① 根据我国教育部的统计，到2007年，我国留学人员总数达到了121.17万，其中归国留学人员为31.97万，回国总比例为26.4%。大量留学人员的回归，不仅掌握了最新的科学技术，而且也带回了国外的先进管理理念以及国际化思维、国际化视野。

4.1.2.2 我国地区间人才的大规模流动

新中国成立后，我国实行严格的户籍制度，民众的迁移、流动受到了极大的限制。自改革开放以来，户籍管理制度逐渐放松，为人才的流动创造了较好的外部大环境。我国人才的地区间流动，最明显地表现为20世纪80、90年代的"孔雀东南飞"现象，反映了当时大量的中西部人才向东南部地区流动的现象。除了当时中西部的企业和科研院所大量的科研人才流动到东南沿海，每一届毕业生分配、招聘，都是人才的地区重组。从贫困地区考出来的大学生，毕业后绝大多数不愿再回到自己的家乡就业。近些年，随着国家"西部大开发"和"中部崛起"战略的实施，中、西部地区的人才生存发展的环境有了很大改变，基本稳定了人才队伍。同时，不少有志青年也加入中、西部志愿者服务队伍中，为西部地区的发展注入了新的力量。

近些年，人才流动主要表现为在不同经济发展区域间、城市间的流动。2011年，万宝盛华（中国）对全国20余个城市展开跨城市人才流动

---

① 王振. 当前创新人才国际化流动、集聚的趋势与上海的对策 ［J］. 研究报告，2004.

调查。在被访者中，32% 曾在一线城市间流动过；21% 的受访者曾有从一线城市流动到二线城市的经历。调查结果显示：（1）上海、北京、杭州等一线城市最受人才青睐。从调查结果看，未来 1 ～ 2 年，中国人才流向的十大热门城市依次为上海、北京、杭州、广州、深圳、苏州、南京、成都、大连、无锡。（2）在迁移意愿方面调查结果显示，未来 1 ～ 2 年内，若其他城市有合适的工作机会，将近半数（47%）的人会考虑跨城市工作。其中，49% 的人才考虑在一线城市间流动，36% 的人才考虑从一线城市流动到二线城市。这表明，未来一线城市人才流动的意愿将加剧，同时二线城市对人才的吸引力也在逐渐增强。人力资源服务机构 Kelly Services 关于《2011 年 Kelly Services 全球雇员指数调研——人才流动的未来》显示，近 5 成（48%）的中国雇员愿意国内跨城市工作；关键人才跨市流出意愿上海最低（18%），其他依次为北京（22%）、成都（25%）、大连（27%）、天津（28%）。内陆城市关键人才流出的比例远高于以上城市，如图 4 – 1 所示。

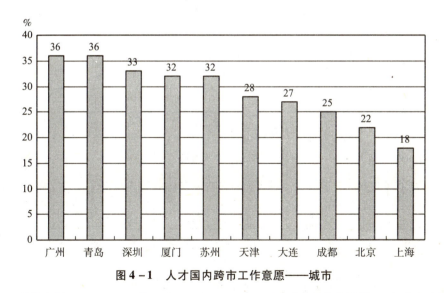

图 4 – 1　人才国内跨市工作意愿——城市

数据来源：Kelly Services 关于《2011 年 Kelly Services 全球雇员指数调研——人才流动的未来》。

调查同时发现，传统行业的专业人员跨城市流动意愿更高，制造业中有52%的专业人员愿意跨城市流动，其次分别是零售、工程、物流、医药及医疗器械和商业服务等，如图4－2所示。

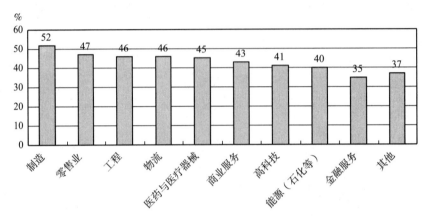

图4－2　人才国内跨市工作意愿——行业

数据来源：Kelly Services 关于《2011 年 Kelly Services 全球雇员指数调研——人才流动的未来》。

在各类人员中，具有专业应用技术的工程师流动意愿最强，有53%的受调查人员愿意跨城市流动，其次分别是研发（49%）、市场营销（48%）、销售（48%）、客服（45%）等，如图4－3所示。

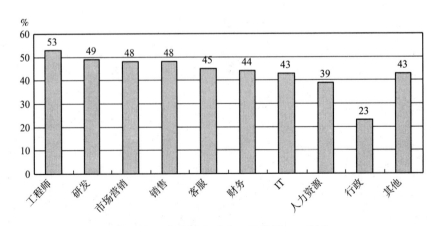

图4－3　人才国内跨市工作意愿——职位

数据来源：Kelly Services 关于《2011 年 Kelly Services 全球雇员指数调研——人才流动的未来》。

4.1.2.3 员工在企业等市场主体间大规模流动

改革开放以来，我国经历了两次突出性的大规模人才流动，第一次是改革开放之初，一批富有企业家才华的农民、基层党政机关工作人员等人才"洗脚上田"或者脱离原单位，创办了大量的乡镇企业；第二次是20世纪80年代末、90年代之初，一大批知识分子、企事业单位工作人员等人才流动起来，从国有企业、行政事业单位向合资企业、外资企业流动，或者创办民营企业。逐渐地，人才流动成为普遍性现象。1994年，全国成功实现再就业的流动人数只有39.1万人，1995年也只有69.6万人，[①]到了1999年达到100.2万人，之后流动人员迅速增长，2009年达到783.2万人。从1999年到2009年的11年左右的时间里增加了差不多7倍，而与1994年相比则增加了19倍，如图4-4所示。[②]

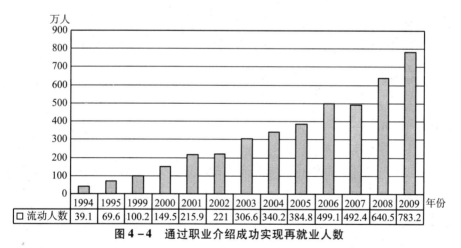

图4-4 通过职业介绍成功实现再就业人数

数据来源：国家统计年鉴相关年份。1994年及1995年数据为当年通过职业介绍实现重新再就业的人数，而1999年及之后数据为通过职业介绍实现重新再就业的获得职业资格人数。

---

① 1994年、1995年数据为全部实现再就业的人数，而1999年及之后的人数为获得职业资格而实现重新再就业的人数。

② 虽然1994年及1995年数据与1999年及之后数据的统计标准不一样，但1999年及之后年份的标准要严格得多，统计人数只是全部再就业人数的一小部分，因此2009年实际实现再就业的全部人数远远高于1994年人数的19倍。

从"猎头"公司以及人才市场等人才中介机构的发展也可以知道我国流动人员规模的扩大。"猎头"公司进入中国也就是最近 10 年左右的时间。随着中国的改革开放以及大批外资企业的涌入，尤其是随着中国加入世贸组织后，整个经济环境正变得越来越具有角逐性，人力资源作为企业资源中最活跃的部分，越来越成为企业进一步发展的决定性力量。在这种环境下，猎头公司不断发展。我国猎头行业的发展，大致经历了四个阶段，第一阶段为 1994～1998 年，是我国猎头行业开始发展的阶段。1993 年 3 月，中国本土第一家具有独立法人资历的猎头公司——泰来猎头事务所成立。此后，其他猎头企业纷纷成立，极大地推动了我国猎头业的产业化进程。至 1996 年，全国范围内涌现出 300 多家猎头公司。第二阶段为 1999～2003 年，在这一阶段，很多机构进入猎头行业，但能够真正形成规模的还较少。第三阶段为 2004～2008 年，这一阶段猎头行业发展基本步入正轨，越来越多的有影响力的企业步入这个行业，也造就了一批目前来看非常有发展前景的公司。第四阶段为 2009 年至今，这是中国猎头行业快速发展的一个阶段。目前，通过政府相关部门注册成立，并正式经营猎头业务的猎头公司及从事猎头业务的人才市场、管理商酌公司，总数在 3000 家左右。尽管我国的猎头业的主要对象是高级技术和管理人才，但近年来，部分猎头公司开始进入、开发下游产业，如中级技术市场、初级人才方面，特别是加大了对应届大学毕业生市场的启发力度；不少公司还开始有意识地从猎取成熟的"猎物"，转向发现、培训、跟踪未来的"猎物"，采取建立高级人才个人档案、跟踪知名大学研究生就业动向等手段，从前期介入"猎物"的成长过程。

4.2

人才流动的影响因素

社会的进步、经济的发展，使得人才流动的速度越来越快，数量越来越多。不论是人才的刚性流动，还是柔性流动，近些年增长迅速。从前文内容也可以知道，2000 年全国成功实现再就业的具有职业资格证书的人数达到 149.5 万人，而 2009 年则更是达到了 783.2 万人，是 1999 年 5 倍多。促进人才大规模流动的因素主要有两个方面，一是个人因素的影响；二是宏观制度因素的作用。

4.2.1　个体因素

从个人的角度来看，主要包括个人收益的需要、个人发展的需要以及年龄、家庭等因素的影响。

（1）收入因素是人才流动的一个非常重要的影响因素。在翰威特咨询公司发布的"翰威特 2006 年亚太地区员工流失和留用研究报告"显示，员工离职的最主要原因为寻求更高的薪酬，即 21% 参加研究的企业指出员工的流失是由于外部企业愿意支付更高的薪酬[1]。当外部的潜在收益大于目前收益时，特别是若与流动相联系的预期收益现值超过了与之相联系的货币成本和心理成本的总和，员工将可能从企业流走。伊兰伯格（1999）则将人才的自愿流动当成一种投资看待，劳动者为了在未来一个时间段内获得收益而在流动时承担这种投资的成本。随着当前社会发展对人才总需求量的日益加大，促使企业在争夺人才的过程中承诺更高的收入水平，提高了企业员工流动的预期收益。据相关材料统计我国人才缺口现象十分严重。在全国 29 个专业技术系列中，具有高级职称以上的高层次人才共 157.3 万人，只占专业技术人员总数的 5.5%。全国具有本科及以上学历的专业技术人员仅占全部专业技术人员的 17.5%。[2] 据经济合作与发展组织（Organization for Economic Co-operation and Development，OECD）相关机构统计，20 世纪

---

①　资料来源：http：//news1. jrj. com. cn/news/2006 - '10 - 23/000001723505. html。

②　潘晨光，娄伟. 人才形势与发展环境分析，中国人口信息网，http：//www. cpdrc. org. cn/yjwx/yjwx_detail. asp？id = 4021。

80 年代初至 1999 年间，OECD 各国或地区每万名劳动力中研究人员的数量由 44.1 人增至 61.5 人，增幅达 39.5%，而中国截至 2000 年，每万名劳动力中研究人员的数量仅为 9.7 人。高级技工人才总量严重不足。目前，中国技术工人文化程度低的多，高的少；技术等级低的多，高的少；高等级技术工人年龄大的多，年轻的少。中国工人队伍中技术工人只占 23%，其中高级技工仅占 5%，中级技工占 35%，初级技工占 60%，而发达国家工人队伍中技术工人高达 75%，其中高级技工占 35%，中级技工占 50%，初级技工仅占 15%。[①] 在我国企业中的专业技术人员比例较低，仅占 35%，而美国从事科研开发的科学家、工程师有 80.8% 在企业，英国为 61.4%。[②] 零点调查公司、清华大学公共管理学院危机管理课题组和中国惠普有限公司共同合作完成的《企业危机管理现状》中指出，59.8% 的国有企业中存在着人才危机，35.1% 的国有企业认为人才危机对其企业产生了严重影响。[③] 目前，人才缺口仍是影响企业发展的最重要因素之一。某汽车专业人士表示，"目前全国的汽车专业人才大概有 20 万～30 万人，但这一数字需要翻一番才能满足国内的现有需求。尤其是汽车企业的高端管理人才，近几年来一直处于一将难求的状态。"[④] 全球知名的商业咨询公司 AlixPartners（艾睿铂）2011 年发布的最新研究报告也显示，"超过汽车企业 2/3 的高管认为，招募合适的熟练人才是实现高增长目标的一个主要障碍。这驱使企业越来越多地到海外进行招聘。"[⑤] 人才缺口的不断扩大，使得人才通过流动实现更大价值的可能性增大，刺激人才的流动。

---

① "中国人才缺口究竟有多大？"，中国招聘热线，http：//vip. hr33. com/News/NewsDetail/141601. html。

② 同上。

③ http：//www. ynjy. cn/officeall/xs/list_all. asp？ id＝3330。

④ "付于武：国内汽车行业人才缺口一半"，经济观察网，http：//www. eeo. com. cn/2011/0713/206080. shtml。

⑤ 同上。

（2）晋升、年龄、家庭等因素影响人才流动的选择。在企业内部晋升受限，或者事业前途不明朗，不能进一步实现自身的事业目标，同样有可能导致人才的跳槽。这种现象在现实当中表现得非常明显，特别针对一些企业的高管来说，当物质需求已得到较好满足后，为了更好地实现自我价值，可能选择另一家公司。同时，年龄、家庭等其他因素也会影响到员工是否流动的选择。一般来说，年轻员工的流动比率会高一些，有家庭的员工也可能会出于稳定的考虑而选择继续在企业工作。王黎莹等人（2004）对高新技术企业员工的流动情况进行了实证分析。在他们的实证分析中发现，35 岁以下的具有本科学历的男性知识型员工，在企业从事技术或市场工作，担任中层或主管级的职务的知识型员工流动意向较强。他们的研究认为，员工流动的主要原因在于收入、个人发展等方面。在知识型员工满意度调查中可以看出员工对现有薪酬最不满意，主要体现在对内部公平性和评价指标合理性的质疑。同时调查显示，很多企业对员工个人职业发展不够重视，对晋升标准的合理性有质疑，对员工的培训不够重视，工作发展的机会不够丰富。从调查中还可以知道，员工对组织的管理风格，公司发展前景的满意度较低，员工对企业的认同感不够，组织承诺度不高。他们认为，这些因素的共同作用导致高技术行业中知识型员工具有较高的流动率。

4.2.2　宏观制度因素

从我国的宏观背景来看，制度因素的变化是导致人才流动加速的一个非常重要原因。制度的变化也促进了人才的大规模流动，主要表现为户籍管理制度改革和人事档案管理制度改革两个方面。

（1）户籍制度的改革使得人才流动成为可能。我国现行的户籍管理制度建立于 1958 年，并在当年颁布实施了《中华人民共和国户口登记条例》，与 1955 年出台的《市镇粮食供应暂行办法》以及以后陆续出台的一系列政策和规定，将户口与劳动用工、住房、教育、社会福利等公民权益挂起了钩。在这种户籍管理制度下，将人口划分为"农业户口"与"非农业户口"。由于没有城市户籍，农业人口在许多城市无缘买经济适用房，小孩上幼儿园、小学等要比当地的城市户籍人口花更多钱，并且不能享受与城市户籍人口同等的失业、医疗、养老等保障服务。由于户口管理与各种公民权益相挂钩，使得人口迁移受到限制，影响了公民的正常合法迁移。自 20 世纪 80 年代以来，我国户口制度逐渐改革，人口迁移逐渐放松。从中国户籍管理制度改革所涉及的相关政策法规的变迁来看，中国户籍管理制度改革是渐进地、分层、分步进行的。第一层面是由国家级主管部门公安部在全国范围内推行实施的指导性户籍改革措施，放宽户口迁移政策；宣布户籍与粮食供应关系挂钩；重申户籍功能，摆脱其他行政管理部门将户籍作为附加管理手段。第二个层面是地方政府依据国家政策推出的本地具体的户籍改革措施，但由于各地经济发展速度、水平不一致，总体而言，东部沿海省市开放程度高，发展速度快，对人才的吸纳能力强，户籍改革的内容相对广泛、方式多样，力度也较大一些，而西部内陆省市不具有区位优势，强力度的改革造成人才的进一步流失，经济延缓发展，因而，户籍改革的步伐相对缓慢。户籍制度改革为最大限度地发挥人的知识、智力、智慧创造了条件，使人才这种最重要的资源得到合理配置。

（2）人事档案的功能在弱化。学者们认为，我国目前的户口和档案制度是影响人才流动的最后"堡垒"。从目前的现实来看，虽然我国人事档案制度改革举步维艰，远远落后于干部人事制度改革的整体进程，[①] 但相对于过去的管理模式，其改革还是取得了很大的进步。《2005 年中国人才报告》指出，社会人才特别是流动人员迫切希望加快人事档案制度的改革，为人才流动和人才成长创造更宽松、更人性化的制度环境。过去中国

---

① 中国人事科学研究院.2005 年中国人事报告——构建和谐社会历史进程中的人才开发.

实行的是干部档案管理，档案由单位管理，人事档案依附于单位，档案涉及员工的工龄、身份、政审、社保等多个方面内容。工龄直接与社保联系在一起；身份即所谓干部或工人身份，它决定退休的年龄，从而确定领取养老金的时间；此外，档案甚至还影响到结婚注册、生儿育女等问题。同时，单位人员的调动受制于人事档案，因此造成用人机制的僵化。近些年，档案管理制度不断进行改革，档案在人事活动中越来越灵活，如人才交流中心可以托管档案等，人才流动的渠道愈加畅通。

4.3
人才流动的实现方式

人才流动的方式一般有两种，一种是刚性流动；另一种是柔性流动。传统观点认为，随着人才的流动，人才所具有的身份、户籍、档案等会随之发生变动，实现了刚性流动。但现实中人才流动的方式具有多样性，非常多的人才在为其他企业、组织提供服务的同时并不改变自身原来的"单位"属性。这种新的现象，表现为人才的柔性流动。人才柔性流动属于人力资源战略管理的范畴，它相对于传统的、固定的人才刚性流动，是在竞争激烈、高度多元化的社会里，一种新的招聘、选拔、培训等人力资源规划和开发方式。它有别于传统的人才流动模式的最突出的特征，通俗地说就是"不求所有，但求所用"。人才的柔性流动使得在全社会范围内可以充分利用人才资源，实现人力资源的合理配置，推进知识转移，特别是隐性程度高的知识的转移。

人才的柔性流动一般可通过如下一些方式实现：项目式流动、兼职式流动、候鸟式流动、组合式流动以及咨询式流动（孟庆伟、樊波，2006）。项目式流动就是通过开展项目合作，使科技人才在互借互补中实现人才、技术的交流，并在交流中加速知识流动转移，尤其是隐性程度高的知识的转移，加速知识创新的频率，提高知识创新的效率。兼职式流动则强调科技人员在不改变与所在单位隶属关系的前提下，在完成本职工作之余，在其他单位以聘任等方式从事相应的工作，用其所长，将所掌握的知识运用于更多的领域，实现知识效用的最大化。通过引进在海外工作的人才常回国服务，实现人才的"候鸟式流动"。人才的组合式流动则是在打破人才的身份、部门限制的基础上，实现人才在更广泛范围内的自由配置，进而实现知识整合的一种人才流动方式。各类专家、学者通过讲座、交流等方式向其他经济主体提供咨询服务，则促进了知识的转移。

4.4

人才流动对企业边界的影响

在各种因素的影响下，通过不同的方式，人才实现了大规模的流动，从而促进了知识在不同企业间的转移，使企业"外包"程度逐渐提高。在组织内如何才能有效率地转移知识？达文波特和普赛克（Davenport and Prusak，1998）认为就是雇用有相关知识的人，并放手让他们彼此交谈。个人是知识的一种最重要载体[①]，由于知识作为资源所具有的特殊性，使得它能够一直依附于个人而不会遭到剥夺。巴泽尔（Barzel，1977）认为，人力资本具有不可剥夺性，任何人无法使其与载体相互分离；同时，由于公司对技术人员的控制程度有限，特别是在当前社会，企业员工有按照自身意愿离职的自由，再加上市场机制对知识保护有效力度的不足（Liebeskind，1996），使得各种技术人员能够带着知识离开原来的企业。随着人才的大量离职，以及到新企业再就业，相关知识转移到了新企业；对于并不能用语言、文字等方式表达出来，很难通过磁介物质、文件等方式储存的隐性程度较高的知识，人才的"离职再就业"也使得他能与新

---

① 相对于企业知识理论认为知识可以有不同的载体，如个人、组织等，阿罗（Arrow，1962）甚至认为，知识是掌握在个体手中的，其载体只能有个人。

同事共处于一个共同的"ba"中①，通过"隐喻"、直接观察、实践等方式，成功实现各种隐性程度高的知识转移。

　　其实，人才流动与知识转移间的关系在很早以前就引起了学者们的注意。阿罗（Arrow，1962）在 1962 年就认为人才的流动有助于知识的转移。萨克森宁（Saxenian，1994）在对硅谷地区的集群经济进行分析时，认为主要有两个因素导致圣克拉拉谷地区（Santa Clara valley）电子信息产业持续的增长，其中一个非常重要的因素就是该地区技术人员的高流动率。她认为，在该地区技术人员具有高流动性，因此各种具有高价值性的知识能够非常容易地从一家公司传递到另一家公司。同时，各种开放操作系统及模块部件系统的使用又进一步加速了人才的流动。在后续很多对硅谷地区产业发展进行研究的文献中，都认为这个地区的技术人员的高流动性是导致这个地区具有高创新性的一个非常重要的因素。针对之前研究多为理论及案例分析，而缺乏数据分析的不足，佛利克等（Fallick et al.，2005）利用数据进行了回归分析。从他们的研究中可以发现，在硅谷的电子信息产业中，受过高等教育的人员确实比其他地区具有更高的流动率。他们的研究还认为，当地的法律制度因素是造成人员高流动性的一个非常重要因素。针对人才流动所导致的知识转移，也有不少的学者利用其他地区的数据进行了实证分析。阿尔梅达和柯加特（Almeida and Kogut，1999）调查了美国超过 400 名半导体行业的专利拥有者以及他们的工作转换等情况，通过对所获取的数字进行分析，实证研究发现这些工程师在不同企业间的流动有效地影响了知识在一个地区的转移。宋等（Song et al.，2003）同样对美国半导体行业的知识转移情况进行了研究。他调查了在这个行业中拥有专利的技术人员的流动情况（主要是从美国公司到非美国公司的流动），研究发现通过"雇用学习"（learning by hiring）能够有效地转移

---

　　① 野中郁次郎和科诺（Nonaka and Konno，1998）首先讨论了知识的情景性，他们认为知识的创造、使用等都是在"ba"中，存在于各种具体的环境中。由于知识所具有的情景性，因此要获得这种知识，必须处于同一"ba"中，通过亲自的观察、实践才行。

知识。其中知识转移的效果又受到另外一些因素的影响，如这家雇用技术人员的企业是否具有很强的路径依赖性，依赖性越小，知识转移的效果会更好。员工从一家企业"跳槽"到另一家企业，并把知识应用于新企业的生产活动当中，从而实现了知识的转移（Argote and Ingram，2000）。

　　员工流动对知识转移的影响还可以通过对新创建企业以及"衍生公司"① 的研究得到证实。休伯（Huber，1991）认为，公司在成立之时掌握的知识将决定其探求什么，经历什么，以及如何理解所遇到的情况。因此，这意味着新企业的能力积累与所继承得来的知识有联系，并且转移的媒介可能会影响到知识转移的效度。有的学者在对新进入市场企业的能力进行研究时，发现企业能力与创建人先前的雇佣关系以及进入前知识有关（Helfat and Lieberman，2002）。其他的研究工作也表明，企业的起源是决定资源差别、策略以及业绩的重要原因（McGrath and MacMillan，2000）。谢恩和库拉纳（Shane and Khurana，1999）认为，先前的雇佣关系影响着新企业的形成，甚至公司的生存。阿加瓦尔（Agarwal et al.，2004）则就"衍生型公司"进行了研究，分析人才流动对知识转移的影响。他们对磁盘驱动器行业的数据进行分析，研究前员工从其原来所在企业获得的知识对其创办"衍生型企业"的影响。基于企业知识的"技术诀窍"和"市场先驱诀窍"分类，他们发现技术诀窍或者市场先驱诀窍的增加会增加衍生型公司产生的可能性；衍生型公司的技术诀窍与市场先驱诀窍的水平，分别与衍生型公司创建时期其母体公司的技术诀窍和市场先驱诀窍的水平呈正向关系；与非衍生新建进入公司和多元化新进入公司相比，衍生型公司往往具有更高水平的技术诀窍和市场先驱诀窍；衍生型公司的生存可能性比其他所有类型的新进入公司更大。他们的研究证实了前员工在企业中所获得的知识通过员工的流动对新企业生存和发展产生了重大的影响。

――――――――――

　　① 企业员工由于在企业中积累了一定的知识等资源。当他发现市场上存在企业未能满足的机会时，他可能会脱离原企业而自己创办新的同类型企业，一般把这种由前员工创办的创业型企业称为衍生型企业。

有的学者甚至还认为，人员的流动会影响到公司的战略选择。伯克尔（Boeker，1997）在他的研究中发现，管理人员的流动还引起了组织知识的转移，从而对组织间社会结构的变化产生影响。他认为，虽然"黏性的"隐性程度高的知识转移起来相对困难，但"组织蓝图"可以像生物基因的复制与传递一样在公司间转移，从而会导致公司战略发生变化。

国内一些学者也对人才流动与知识转移间的关系进行了分析。韩伯棠等人（2005）在对我国高新技术园区内人才流动现象进行研究时发现人才的流动提高了知识溢出效应，促进了知识在不同企业间的转移。国内一些现实案例也说明，人才流动在促进知识转移，提高企业竞争力及经济发展水平过程中发挥了重要作用。在我国民营企业最初的成长过程中，来自国有企业的技术人员发挥了重要作用。我国民营企业的成长一直以来受到人才短缺的制约，从民营企业的兴起一直到现在，人才短缺都是企业发展的巨大障碍。为了解决这个问题，提高企业的竞争力，于是大量的民营企业利用高薪从国有企业中"挖"人才，产生了自 20 世纪 80 年代以来的"孔雀东南飞"和"星期天工程师"现象等。我国民营企业的发展过程，在某种程度上就是一家国有企业员工不断流入的过程。技术人员的引进提高了民营企业的知识技术水平，为企业的进一步发展提供了基础。还有一些国有企业员工在改制的过程中辞职或者在保留原工作的前提下兴办自身的企业。他们利用自己在国有企业中掌握的技术、经验，以及各种关系网络推进自身企业的发展。

通过上述的分析可以知道，作为知识转移的重要途径之一，人才流动促进了知识在不同企业间的转移，对企业的竞争优势产生了不同的影响。外部企业在掌握了相关知识后，如果充分利用专业化生产所带来的规模经济优势和学习曲线优势，则可能享有更低的生产成本优势。在这种情况下，一些企业将会逐渐地放弃自己生产而选择外包，外包比重逐渐增大，企业边界将逐渐缩小。

第 5 章

信息技术发展与企业边界变化

一般认为，信息技术包括两个方面的技术，一是硬件技术；二是软件技术。硬件技术指各种信息设备及其功能，如电话机、通信卫星、多媒体电脑等。软件技术指有关信息获取与处理的各种知识、方法与技能，如语言文字技术、数据统计分析技术、规划决策技术、计算机软件技术等。也有的学者认为信息技术包括信息系统和狭义的信息技术两个部分（Dewett and Jones，2001）。信息系统包括不同种类的软件平台及数据库，用于管理公司的各种业务（e. g. and Evans，1999；Hickman，1999）。狭义的信息技术包含各种不同的交流媒介和设备，它们把各种不同的信息系统和人连在一起，包括电子邮件、电话会议、视频会议、网络、公司网络、汽车电话、传真设备、个人数字设备等（e. g. and Andolsen，1999；Campbell，1999）。信息技术区别于其他技术的一个主要特征在它的服务主体是信息，核心功能是提高信息处理与利用的效率、效益。

自 20 世纪六七十年代后，信息技术发展迅速。传统邮局的地位正日益被电子邮件所取代；手机的迅速增加及手机资费的迅速下调不但威胁了传统固话的地位，也使得人与人间的交流变得越来越简单；互联网正逐渐取代电视成为人们日常生活的最重要休闲方式，同时无线互联网络正以雷霆之势铺开。从我国的现实来看，更可以看出信息技术的迅速发展势头。从 20 世纪 80 年代末开始，我国固定电话的拥有量迅速增加。1989 年，我国分别拥有固定电话和移动电话 568 万户和 0. 98 万户，到了 2004 年分别增加到 31175.6 万户和 33482.4 万户。1997 年我国的上网电脑数只有 29.9 万台,到了 2008 年 6 月,增加到 8470 万台。网民人数大幅度增加,1997 年只有 62 万人,2011 年 6 月增加到 4.85 亿人,其中手机网民就达到了 3.18 亿。[①] 经过了自 20 世纪 80 年代以来的发展,我国信息技术(产业)得到了迅猛发展,对人们的日常生活产生了重大影响。信息技术的迅速发展和大规模的使用,极大地促进了知识的流动、转移,使得企业的"外包"趋势越来越明显,企业边界逐渐缩小。

5. 1

信息技术的发展促进了知识的显性化

知识的积累是社会、企业发展的必然要求。知识可以储存于记忆中,也可以通过文件等方式保存。记忆是有限的,易忘记,且容易犯错;作为组织记忆的一部分,人类的记忆能力也是有限的(Huber,1990)。作为由个体组成的组织,只能记住少部分信息,且也同样容易被忘记。因此以文件等方式保存才是较好的知识积累方式。况且如果知识储存于人的记忆中,由于必须通过直接的交流才能实现知识的传递,也影响到了知识在组织内部的转移、使用。显性程度高的知识能够用语言、文字表达,具有文字性和结构性,容易以磁介物、文件等具体方式储存与流通。将显性程度高的知识整理成文件、电子文档则可有效地解决知识的积累问题。对于隐性程度高的知识,为了更好地积累,客观上要求企业以及其他社会主体必须不断地推进它们的显性化。

信息技术的发展,促进了知识的显性化,便利企业的记忆,提高了企业获取、整合知识的能力,有利于知识在企业间的交流等(Anand,Manz and Glick,1998)。科汉德和斯坦米勒(Cohendet and Steinmueller,2000)

---

① 数据来源:相关年份中国互联网络发展状况统计报告。

认为信息通信技术的发展降低了知识显性化的成本，使得知识的显性化更加容易。电子信息技术的发展，提供了大容量的存储容量使得人们很容易积累数量巨大、门类繁多、形式多样的知识，也为企业显性化知识的存储提供了基本条件，使企业更有条件去推动知识的显性化工作。最主要的是，由于电子信息技术的发展，使人们更加容易获得自身所需的知识，提高了自身知识储量，从而能够更好，也更加容易地掌握隐性程度更高的知识，更加容易推进知识的显性化。信息技术的应用对于企业知识显性化的促进作用在实际中表现得十分明显。麦肯锡（McKinsey）就十分注重借助信息技术促进知识的显性化。处于公司各个部门的经验丰富的咨询人员把相关知识进行整理，然后通过公司内部网络把知识传递给咨询人员（Peters，1992），从而实现知识在公司内部的转移。莱德纳和伊拉姆（Leidner and Elam，1995）就信息技术对知识显性化的影响进行了研究。他们在对企业的"执行信息系统"（executive information systems）[①]进行研究时发现，整个系统有助于问题的分析，提高了管理人员的决策速度。其他的一些学者对其他的信息系统的作用进行了研究，如专家系统（expert systems）等，认为它的应用能够使得各类知识能够更加容易被其他人掌握、应用。许多公司开始利用互联网技术来建构企业内部网络，储存有关产品、营销、客户及经营等相关知识。

5.2

信息技术的发展提高了知识获取的效率

信息技术的发展对于知识的获取提供了极大的便利，促进了知识的转移和扩散。可以从三个方面理解信息技术的这种作用，一是信息技术的发

---

① "执行信息系统"（executive information systems）是一种基于统一数据库的管理程序，它能够对企业的各种信息进行处理并进行储存，便于信息的转移，以及员工、管理人员间的相互间的交流。

展便利了熟人、组织成员间的相互交流；二是信息技术的发展便捷了其他企业获取自身的知识；三是信息技术的发展降低了知识获取成本。

（1）信息技术的发展使得熟人、组织成员间的交流更加简单。信息技术的发展促进了知识的显性化，并有利于知识的存储、整合，为知识的共享提供了基础。同时，信息技术的发展又促进了知识的共享。信息技术的发展提供了多种信息传递方式，如电子邮件、手机、传真、视频会议系统和工作流管理系统等。组织成员利用这些技术手段可以超越时空障碍，很便利地相互交流、沟通，获取相互间的知识、信息。另外，现代信息技术的发展使得共享知识的存储形式更为多样化，可以采取音频、视频、图像等方式实现知识的储存。这些形象化的存储方式更加促进了人们对知识的理解和兴趣，增强了知识转移成功的可能性，提高信息共享的程度。同时，信息技术发展促进了的相互交流还表现在它有利于相互间建立各种新的联系。费尔德曼（Feldman，1987）认为，组织间的电子邮件系统等通信方式的利用有利于各自成员间建立"弱联系"，从而有利于了解行业发展的信息，掌握技术的最新发展。

（2）信息技术的发展便捷其他企业获取知识。休伯（Huber，1990）认为，信息技术可以从多方面影响组织效率，其中信息技术的发展使交流、沟通更加快速，并且能更准确地接近目标对象；并能更加迅速找到所需的知识等。对外部企业也同样具有这种作用。信息技术的发展，特别是网络的迅速发展，使得企业的各种知识、信息充斥于网络当中。个人或企业能够方便地接触到各种知识、信息，网络搜寻平台也为有针对性地获取相关知识提供了极大的帮助。只要拥有网络，知识需求方就能够以极快的速度获得所需的相关知识。亨德森和文卡特拉曼（Henderson and Ven-katraman，1994）就认为信息技术能在同一时间以更快的速度传递更大量的信息，从而促进了知识的转移。

相对于显性程度高的知识，一般认为隐性程度高的知识有着不同的获取方式。显性程度高的知识可以用标准化的方式，如市场购买等方式获取，也比较容易地在不同组织间转移，并为其他组织所复制。而隐性程度高的知识需要通过开展活动，通过"干中学"等方式取得。然而，近年来人们开始对隐性程度高的知识只能源自面对面的学习、交流这一观点提出了挑战。学者们认为，组织未必要通过与其他组织同样的经历才能得到其他公司的经验性知识，模仿性的学习也能达到目的（Haunschild and Miner，1997）。休伯（Huber，1991）则指出，组织面临的问题或机遇会引发它们对新信息的专门搜寻，而不是仅仅从自身的经历中学习。

相对于显性程度高的知识，隐性程度高的知识通过媒介进行转移确实更加困难，但网络的应用能能够较好地解决这个问题。虽然隐性程度高的知识难以用语言、文字表达，不易整理和储存。但是隐性知识是以具体的某个或某类人为载体，通过隐性知识的所有者的整理储存，即可在必要的时候检索掌握此类知识人的主体，再通过对话、交流的方式获得所需的知识。佐恩、马歇尔和彭耐德（Zorn，Marshall and Paned，1997）在分析网络应用对组织内知识转移的影响时，认为由于网络的应用，使得组织成员的各种相关信息都储存在网络中，相互间能够了解各自的专业特长，当需要相应的知识时，可以直接与掌握这种知识的成员进行交流。相对于组织内部网络，外部网络上同样拥有外部各种人才的相关信息，通过网络能够迅速了解不同的人才所具有的专业知识。因此，当企业需要相关知识时，可以迅速地找到掌握这种知识的人才，并通过交流等方式获得。李和苏（Lee and Suh，2003）则认为，信息技术的使用可以使企业（个人）通过各自的网络加强相互间的联系，从而方便各自隐性知识的交流。

（3）信息技术的使用降低了知识获取的成本。无论是便利了熟人、组织成员间的交流，还是提高了外部知识的获取效率，信息技术对于知识转移的最根本影响还是在于它提供了大量知识、信息的同时降低了知识获取成本。技术的发展，使得通信、网络等方式的使用成本大幅度降低，亨德森和文卡特拉曼（Henderson and Venkatraman，1994）。目前人们在享受更加清晰、更加快捷的文字、语音、画面、视频服务的同时只要支付相当于以前几分之一甚至几十分之一的价格。表现最典型的莫过于互联网技术的发展。互联网起源于 20 世纪 60 年代初，那时还不能实现电脑的互联互通，实际上还不能称为互联网。经过十多年的初步发展，直到 20 世纪 70 年代末才形成目前的具有统一的网络体系结构并遵循国际标准的开放式和标准化的网络。就在这短短的 20 多年里，互联网大规模普及。到了 20 世纪 90 年代末，出现了光纤及高速网络技术、多媒体网络、智能网络，整个网络就像一个对用户透明的大的计算机系统，发展为以 Internet 为代表的互联网。20 年前，在我国很少有人接触过网络。现在，计算机通信网络以及 Internet 已成为我们社会结构的一个基本组成部分。网络被应用于工商业的各个方面，包括电子银行、电子商务、现代化的企业管理、信息服务业等都以计算机网络系统为基础。从学校远程教育到政府日常办公乃至现在的电子社区，很多方面都离不开网络技术。虽然没有具体数据说明上网费用的下降程度，但大多数人可能都有切身的体会，现在上网的费用几乎不再是考虑的一个因素。网络通讯技术的发展超越了时间、空间的障碍，人与人之间能以更低的成本实现更频繁的交流，个人、组织更能充分地利用网络。

通过上面两节的分析可以知道，信息技术的发展促进了知识的显性化，同时降低了知识搜寻、流动、转移的成本，提高了知识获取的效率。因此，信息技术的发展有助于知识的转移，有利于外部企业掌握相关知识。

5.3

信息技术对企业边界变化的影响

信息技术的发展促进了知识转移，在外部其他企业掌握了相关产品制造技术后，这些企业可能利用自己所掌握的知识进行专业化生产，并享有专业化生产所带来的规模经济优势和学习曲线优势，产品成本更加低下。

因此，企业可能会更多地选择从外部采购产品或者部件而不是自己生产，"外包"业务不断发展，企业边界呈现逐渐缩小的趋势。在现有的系列研究中，也证实了信息技术的发展会促进企业边界逐渐缩小的事实（Brynjolfsson et al.，1994；Dewan et al.，1998；Hitt，1999；et al.）。在这些研究当中，主要基于信息技术对交易成本的影响来分析它们对企业边界变化的影响。马龙等（Malone et al.，1987）在就信息技术对企业究竟选择自己生产还是从外部市场采购的影响进行理论分析时，发现信息技术能够有效地降低协调成本，从而促进企业选择外部采购的行为。

针对理论分析的结果，有不少的学者利用相关数据进行实证研究，对这些结果加以检验。布伦乔尔森等（Brynjolfsson et al.，1994）选取美国经济部门中的六个行业，并获得这六个行业的相关数据，对信息技术投资与企业规模变化间的关系首次进行实证研究，发现在 1976 ~ 1989 年企业平均规模趋于下降。针对企业规模的这种变化，他们认为主要是由于企业纵向一体化程度降低所致。在后继的研究中，又有一些学者对信息技术与企业边界变化的关系作了实证分析，但在他们的分析中主要应用企业层面的数据。通过调查，迪万等人（Dewan et al.，1998）获得了美国一些大企业在 1988 ~ 1992 年信息技术投资数据，并利用这些数据进行了回归分析。从回归的结果来看，他们发现企业信息技术投资与企业纵向边界变化存在显著的负相关关系，随着信息技术投资量的增大，企业纵向一体化的程度是逐渐降低的。希特（Hitt，1999）利用美国 549 家企业在 1987 ~ 1994 年的 8 年间的分析数据，分析了信息技术对企业边界变化的影响。从他的研究中可以发现，随着企业信息技术投资额的不断增长，企业进行纵向一体化的行为越来越少，边界不断缩小。为了研究的方便，以及分析发现两者间具有较高的相关性（0.75 ~ 0.8），作者选用企业电脑设备的投资额代替企业信息技术的投资额。从上述学者的实证研究中可以发现，信息技术对企业边界的变化确实产生了影响，随着信息技术使用规模的扩大，企业边界存在缩小的趋势。

在国内，也有一些学者对信息技术与企业边界间的关系进行了研究（林丹明等，2006，刘东，2005，曾楚宏等，2006，等）。从这些学者的研究来看，信息技术对企业边界变化的影响作用必须综合考虑到信息技术的两种作用，即内部协调作用和市场协调作用（Malone et al.，1987）。林丹明等（2006）进行了实证研究分析两者间的关系。他们利用信息技术行业中 36 家上市公司的 118 个相关数据进行了截面回归分析。在分析时，他们利用企业的电子设备年末存量值作为信息技术使用的替代变量。从分析的结果可以知道，信息技术与企业边界变化呈正相关关系，即随着信息技术的大规模使用，企业的纵向一体化程度反而会提高，与国外学者的研究结论刚好相反。但从分析的结果也可以知道，两者间的显著性程度并不高，只在 0.1 的显著性水平上显著。造成这种结果的主要原因可能在于作者所利用的数据具有一定的缺陷，从而不能很好地反映企业边界在时间纵向维度上的变化。但笔者在对结果进行分析时也认为，随着网络等技术的更大规模使用，企业边界可能会趋于缩小。

虽然上述学者都基于交易成本的变化解释信息技术与企业边界变化间的关系，但在进行实证研究时更多是直接分析信息技术与企业边界间的关系，因此也可以很好地解释基于知识转移研究信息技术与企业边界变化间的这种关系。从学者们的实证结果可以知道，信息技术的大规模使用确实促进了企业更多地选择外包，企业边界缩小。

第 *6* 章

教育培训发展与企业边界变化

　　蔡元培认为，教育是帮助被教育的人给他发展自己的能力，完善他的人格，于人类文化上能尽一分子的责任，不是把被教育的人造成一种特别器具。在王道俊、王汉澜主编的《教育学》（新编本）中，明确提出"教育是培养人的一种社会活动，它的社会职能，就是传递生产经验和社会生活经验，促进新生一代的成长。在这种活动中，既要体现社会的要求，又要促进人的身心发展，它是一个统一的活动过程。"他们认为，狭义的教育主要指专门组织的教育，它不仅包括全日制的学校教育，还包括半日制的、业余的学校教育、函授教育、刊授教育、广播学校和电视学校的教育等。在本书讨论中，认为教育不仅是一种专门组织的教育，还是一种有目的、有计划、有组织的活动，包括学校教育、企业培训等活动，也包括不同人员间的一种非正式的教育。

　　教育的重要性不言而喻，特别是在知识经济时代，教育对加快人才的培养，促进知识的创造、提高创新的速度有着至关重要的影响。教育的发展，教育水平的提高，促进了知识的转移，使得相关生产技术、创新知识实现了扩散。为了能最大限度地享有专业化效应和规模经济效应带来的优势，企业专业化趋势越来越强，企业边界逐渐缩小。

6.1

教育培训发展对企业边界的影响

　　教育是一种"引导受教育者获得知识技能，陶冶思想品德、发展智力和体力的一种活动"，因此教育本身就是一种知识转移活动。老师主要传授两方面的知识，一是陈述性知识，主要解答"是什么"等事实、概念性知识，或者回答"为什么"等原理性问题；二是过程性知识，主要关于"怎么做"等经验性知识，以及"怎样做更好"等策略性知识（Anderson，1983）。在整个教育的过程中，主要是借助文字、语言实现显性知识的转移。按照野中郁次郎的观点（Nonaka，1994），老师向学生传授知识的过程就是一个显性知识向隐性知识转化的内部化过程，实现了外部显性化知识向学生个人隐性知识的转化。同时，通过"师傅带徒弟"等模式也可把师傅在生产、研究等实践过程中积累了大量的关于生产方面的知识、技能，以及认识问题、分析问题、解决问题的方式、方法等隐性程度高的知识传递给学生。

　　教育培训对于知识转移以及企业边界变化的影响，主要表现在三个方面：一是通过接受教育培训，企业员工素质得到提高，企业知识水平得到提升，企业为了在有限的资源条件下获得尽可能大的收益，需要分析自己在哪些环节具有知识、技术优势，从而专注于这些环节，以实现资源的合理使用，企业边界因此可能逐渐缩小。二是教育培训的发展提升了社会整体知识水平，有助于推进企业的专业化。充分利用当前企业员工的知识资源只能实现在既有资源约束条件下的利益最大化，企业为了得到进一步的发展，还必须跳出现有的资源约束条件，尽可能地往附加价值高的环节转移。为了获得向高附加值环节转移必需的专业性知识，从外部招聘合适的技术人员成为重要途径之一。教育培训业的发展，提升了社会整体知识水平，企业通过对外招聘拥有相关知识的新员工，使企业的技术创新能力得到加强，不断地强化自己在某些环节的领先优势，从而获得更大的收益，有助于推动企业业务重心逐渐转移到这些环节。三是由于教育培训活动导致的知识扩散，一方面使得其他希望进入这个行业的企业具备了相关生产知识，能够进行相关部件的研发、生产；另一方面也使得一些具有创业精神的人利用自身掌握知识进行创业，从而实现企业的专业化生产。

学者们在研究"生产外包"的原因时，也认为其中一个非常重要的因素在于企业为了维持自己的核心竞争力（Dess et al.，1995；Quinn et al.，1992；et al.）。奎因等（Quinn et al.，1992）就认为，企业应充分考虑到各环节的附加价值以及自己是否有能力进行相应的生产活动，是否有比别人更大的生产优势，从而决定是把一项生产活动放在企业内部生产还是由外部企业生产。在现实当中，相关例子不胜枚举。苹果（Apple）公司是一家典型的生产外包公司。它的核心能力在于消费者需求的创造、引领，技术创新、整合，内容的创造，以及品牌营销、管理等，因此主要集中在这些领域大量投资，而将生产、制造等活动都外包给外部代工企业。耐克（Nike）公司利用代工厂商的优势实现了自身利益的最大化。公司内部员工构成精简而又有活力，主要专注于设计和营销，主要集中精力关注产品设计和市场营销等方面的问题。他们能够通过各种途径及时地收集市场信息，并及时地将它反映在产品设计上，然后快速由世界各地的签约厂商生产出来满足用户需求。耐克公司通过专注于自己的核心竞争力，实现了最大化的利益，在运动鞋领域也一直领跑世界潮流。企业专注于核心竞争力而把生产外包的现象在软件行业同样表现得非常明显。如美国的软件企业主要集中于技术的研发，而充分利用其他地区低廉的生产成本把相关的生产活动转移到中国、印度、中国台湾等国家和地区。

6.2

教育培训发展与企业边界变化的实证分析

为了更好地理解教育与知识转移及企业边界间的关系，本书选取在特定的行业背景下进行实证分析。这主要是针对某一特定行业进行分析可规避一些难以影响因素，如不同行业对纵向一体化程度的影响。由于此前国内并没有相关的研究，此研究带有一定的探索性，希望为将来的进一步研究提供一定的借鉴。

6.2.1　变量设计

在本书的分析过程中，涉及作为因变量的企业纵向边界以及作为自变量的教育发展。为使理论上的分析在实证过程中能够得到检验，必须对两个变量选择科学、合适的替代指标。

1. 因变量：企业纵向边界（OUS）

企业纵向一体化程度的测量无疑是困难的，"测量的困难无疑是纵向一体化缺乏系统研究的原因之一"（Hay and Morris，1991）。在国内，由于数据的缺乏或理论研究的落后，对企业纵向一体化进行实证研究的文献还很少①。从现有的国内外文献分析，测量纵向一体化程度的方法主要有三种：价值增值法（VAS）、主辅分类法以及投入产出表法。

最早具有代表性并被广泛使用的衡量企业纵向一体化程度的方法是由阿德尔曼（Adelman，1955）提出的价值增值法（VAS）。价值增值法的

---

① 周勤（2003）、林丹明等（2006）是少数几个尝试过对企业的纵向一体化程度进行实证分析的学者，但相关研究总体上很少。

理由是，企业纵向一体化程度的提高使其内部流程增加，从而导致企业创造的附加值增加，因此，VAS应当与纵向一体化程度呈同方向变动。阿德尔曼（Adelman，1955）认为，企业的纵向一体化程度可通过检验该企业的增加值对销售额的百分比。这个一体化指标可由一个企业的会计数字直接计算得到。马迪根（Maddigan，1979）指出，增加值与销售额的比率，是衡量一个企业纵向一体化程度的合适方法。塔克和怀尔德（Tucker and Wilder，1977）认为，"增加值＝折旧＋摊销＋固定费用＋利息支出＋工资及相关支出＋退休养老金支出＋所得税＋净收益（税后）＋租金"，为了方便计算，一般认为增加值等于销售额减去原材料成本。VAS法也存在自身的局限性，最明显的是对企业生产的纵向产业链中各阶段的敏感性不够，若厂商内部越靠近产业链的尾部或最终消费者，其一体化的企业就越少，但所计算的VAS值可能有相同的结果。

第二种影响较大的方法是主辅分类法。它是用辅助工种中雇佣人数与总的雇佣人数或辅助产品销售额与总销售额的比率来衡量企业的一体化程度（Gort，1962）。这种方法主要应用于对特定产业的纵向一体化程度进行分析，例如技术依赖性极强的化工、石油部门，其分析的专业性较强，缺乏普适性。这种分析主要针对阿罗—卡尔顿假设进行检验，即资产专用性、价格刚性和市场不确定性对企业纵向一体化决策的影响。这种分析方法有几个比较明显缺陷：一是需要公认的企业主、辅活动的明确定义来分清纵向产业链；二是数据收集相当困难，需要行业专家对非常多的数据进行说明；三是当企业进行横向合并时，总产品中属于企业纵向价值链的部分所占的比例也会增加，因此，这个指标同时反映了纵向一体化和横向合并。

第三种方法是投入产出表法（I/O）。最近，学界在利用投入产出（I/O）表对企业纵向一体化程度所进行的研究富有进展。马迪根（Maddigan，1981）通过I/O表，以产业分类机制为基础，利用投入产出表构造了纵向产业联系指数（Vertical Industry Connection Index，VIC）。在马迪根（Maddigan，1981）

观点的基础上，戴维斯和莫里斯（Davies and Morris，1995）建立了一种新的纵向一体化指数，认为纵向一体化的基础是通过单个企业进行内部化的组织变化（在企业内部）还是外部化的组织变化（在市场中）的决策来实现。在这种情况下，纵向一体化程度的敏感度应反映产出的内部企业流动的数量和外部销售的相关关系。这种测量方法是由佩里（Perry，1989）首先提出的，但他指出，在厂商内部和外部交易中获得准确信息总是十分的困难，特别是使用年鉴数据对产业定义时，在纵向一体化程度较高的工厂内部和企业之间的产业内部流动分析中极为困难。戴维斯－莫里斯（Davies-Morris）指数为避免上述困难采取了理论上粗糙些，但更适用的具体产业分析的定义。即在一个经济体中（或扩展到部门，如制造业），由 N 个企业和 R 个产业构成，则企业 i 内部的一体化程度可以定义为，它在各产业间的工厂流量与总销售的比值。产业前向一体化程度是指在这一产业的内部企业流出加总与这些工厂在其他产业之中的比例。产业后向一体化也可用相似的测量方法，是指企业在产业内部企业的购买与这些企业在其他产业的产出支付的加总的比例。指数的范围在 0 ~ 1 之间，且数值越大则一体化程度越高。根据 Davies—Morris 指数，它不但能反映产业间的一体化程度，而且能分辨出前向和后向一体化程度。莫里斯和戴维斯（Morris and Davies，1995）运用 Davies—Morris 指数对英国制造业的一体化程度进行了分析。他们利用 1985 年英国 I/O 表对 79 个产业和 50 个（在估计了 306 个企业后）纵向一体化程度最高的企业，进行了全面的估计得出了许多令人信服的结论。其中主要的结论有：（1）企业之间的纵向一体化的程度分布，有 50% 以上的产业中主导企业表现为明显的完全非一体化，绝大多数企业纵向一体化程度趋向于零，平均值仅为 1.38%，仅有 20 个企业的指标达到或超过 3%。（2）产业之间的前向和后向一体化程度很低，而像小麦加工、造纸和木板（前向）和人造纤维以及面粉和饼干（后向）这些产业都是预料中的后向比前向一体化要弱。（3）从实际与潜在的一体化指标比较仅有 5% 的产业之间的交易可能内生化。

（4）产业水平的纵向一体化程度是建立在最大企业的市场份额的分析上，分析发现潜在的一体化程度比实际的一体化程度低10%，也就是产业趋向于非一体化。总之，根据上述分析英国的制造业的纵向一体化程度较低且有进一步降低的趋势。

从国内的情况来看，有的学者也尝试对企业纵向一体化程度进行度量，使用的方法也主要有两种：一是价值增值法，二是投入产出表法。林丹明等（2006）利用价值增值法对企业的纵向一体化程度进行了度量。他们的样本来自于沪深证券交易所上市的A股信息技术业公司的2001~2004年的数据。在经过筛选后最终总样本包括了36家公司的118个年度数据。基于附加值$VA =$（销售商品、提供劳务收到的现金）-（购买商品、提供劳务支付的现金），他们认为企业纵向一体化程度$VAS = \dfrac{VA}{S} \times 100\%$，$S$是销售收入。侯广辉（2006）同样利用价值增值法对一体化程度进行了度量。与林丹明等人直接对单个或少数企业的纵向一体化程度进行度量不同，他是利用价值增值法直接对一个行业、地区的全部工业企业的纵向一体化程度进行测量。他认为，由于纵向一体化程度与"外包"程度是相对的两个概念，因此"外包"程度$= 1 - \dfrac{增加值}{总产值}$。周勤（2003）利用投入产出表对企业的纵向一体化程度进行了度量。他利用江苏省1997年投入产出表及1998年《江苏省统计年鉴》中的有关数据，对16个制造业及20个企业的纵向一体化程度进行了测算。

由于相关数据相对较容易获得，在本部分以及下一章的相关分析中，将利用"价值增值法"对企业的纵向一体化程度进行度量。在本部分，将直接利用各上市公司年报中"现金流量表"中的"购买商品、接受劳务支付的现金"EXP和"销售商品、提供劳务收到的现金"INC的数据进行分析。则纵向一体化程度$OUS = \dfrac{INC}{EXP} \times 100\%$。但为了准确地衡量企业的一体化程度，企业还必须考虑到"外包产品"的绝对数值，以及外包部分在整个产品价值链中的地位。如果外包环节是一些低附加值环节，即使外包的数量越来越大，只要自身集中于附加价值高的环节并因此创造更多的价值，OUS 值也会变得更小。特别是在高科技行业，由于研发环节创造的价值与生产环节创造的价值差别太大，更应把外包的绝对额作为分析企业外包程度的一个重要因素。在本部分的分析过程中，综合考虑外包绝对额及外包比例来衡量企业的外包程度。

2. 自变量：教育（EDD）

在本部分的分析中，教育程度用"本科及以上学历人数占员工总数的比重"进行衡量。在上市公司年报中一般会公布公司员工的学历构成，以及员工总数，我们可以知道不同学历人员所占的比重，所以我们可以比较好地了解这个公司员工的受教育程度及知识水平。随着 EDD 值的提高，说明企业中员工的素质水平越来越高。

6.2.2 模型设计

在本部分的分析中，我们采用线性模型进行回归分析：$\log(OUS) = a + b \times \log(EDD) + c$。其中：OUS 表示企业的外包程度，OUS 值越高，说明企业从外部采购越大，它的纵向一体化程度相对越小。但在本书的分析过程中，由于采用了信息技术产业的相关数据，研发与生产两环节的附加价值差距太大，即使外包绝对额增大，外包更多，由于研发所创造的价值增加更大也会导致 OUS 值变小，因此本部分也用采购支出的绝对额指标来衡量企业的外包程度。EDD 衡量了本科及以上学历人数占员工总数的比重，说明了企业内部的教育水平及员工总体素质。a、b 是常数项，c 是随机误差项。从理论上分析，在对 OUS 和 EDD 取了对数后 a 值应 <0，因为企业肯定要从外部买入一些部件、材料。

6.2.3 样本与数据

本书所选用的企业样本来自沪深股市 A 股的信息技术产业类公司，数据从 2001 年到 2006 年。截止到 2006 年年底，两市 A 股市场共有信息技术类公司 93 家，在剔除了 ST 类企业及数据不全企业后，共有 58 家企业。样本结构，如表 6-1 所示。

表 6-1 样本结构

每家公司年度观测度的个数	公司数量	观测值总数
6	11	66
5	15	75
4	12	48
3	9	27
2	3	6
1	8	8
总计	58	230

数据来源：巨潮资讯网（www.cnfino.com.cn）。

6.2.4 实证结果与分析

为了把握各变量间的关系，我们先看看各变量在时间纵向维度上的变化，结果如表 6-2 所示。

表 6-2 两个指标的年度平均值

指标	2001 年	2002 年	2003 年	2004 年	2005 年	2006 年
OUS 平均值	0.7984	0.6780	0.6625	0.6938	0.6616	0.7028
EDD 平均值	0.5623	0.4492	0.4976	0.5310	0.5252	0.5374

数据来源：对巨潮资讯网（www.cnfino.com.cn）中样本公司的有关数据经过计算得到。

　　从 *OUS* 及 *EDD* 各年度的平均值及其变化来看，都大致经历了一个先下降后上升的过程，但趋势并不是很严格。

　　通过对"购买商品、接受劳务支付的现金"这个指标值的观测可以发现数值逐年度增加，如表 6 - 3 所示。说明随着社会的发展，企业从外部购买的绝对值越来越多，外包绝对额越来越多。

表 6 - 3　　　　　　"购买商品、接受劳务支付的现金"的年度平均值

指标	2001 年	2002 年	2003 年	2004 年	2005 年	2006 年
购买商品、接受劳务支付的现金（亿元）	18.77	21.98	25.39	28.09	28.50	29.97

　　数据来源：对巨潮资讯网（www.cnfino.com.cn）中样本公司的有关数据经过计算得到。

　　本书利用 SPSS 13 软件，采用最小二乘法对 *OUS* 与 *EDD* 间的关系进行了回归分析，结果如表 6 - 4 所示。

表 6 - 4　　　　　　　　　　回归结果

截距和自变量系数	系数	*T* 值
a	- 0.171	- 12.357 ***
b	- 0.083	- 3.286 ***
F 值	10.796 ***	—
Adj. R^2	0.041	—
Durbin - Watson	1.514	—

　　注：*** 表示在 0.01 的显著水平上显著，** 表示在 0.05 的显著水平上显著，* 表示在 0.1 的显著水平上显著。

　　从回归结果可以知道，截距值 $a < 0$，与分析的结果一致，其 *T* 值为 - 12.357，通过了在 0.01 显著水平上的检验。*EDD* 的系数 $b < 0$，*T* 值等于 - 3.286，同样通过了在 0.01 显著水平上的检验。$b < 0$，说明随着企业

内部员工素质的提高，企业知识水平的改善，企业从"购买商品、接受劳务的支出与销售商品、提供劳务的收入之比"会越来越小。从表 6 - 2 和表 6 - 3 中可以知道，企业员工的素质整体上是逐步提高的，同时企业从外部采购的绝对额也是增长的，因此可以说明企业在把越来越多的附加价值低的环节外包给其他企业，导致自身从外部采购额增长的同时，由于把主要的资源集中于附加价值高的环节而使得自身的收入增长更快。这也较好地验证了本书的理论分析，即随着企业员工整体素质的提高，企业会集中于自己的核心优势，把资源投入于附加价值高的环节，而会转移知识，把附加价值低的生产等环节外包给其他企业。较小的 Adj. R^2 值（0.041）说明模型的拟合程度有限，企业外包程度除了受到企业内部员工素质因素影响外，还受到一些其他因素的影响，如上面所论述的人才流动、信息技术发展等机制。德宾 - 瓦特逊（Durbin-Watson）值超过了 1.5，说明自相关现象不是很严重。总之，从检验和分析结果可以知道，教育的发展，企业内部员工素质的提高，使得企业自身集中于研发等附加价值高的环节，而转移相关的生产性知识给其他企业，外包相关产品的生产性环节。

第7章

知识转移机制的共同作用

在前面几章中，我们分别对三种机制与知识转移及企业边界变化的关系进行了分析。从分析的结果可以知道，单个机制作用的发挥都促进了知识的转移，从而促使企业边界缩小。但单个机制的作用毕竟有限，解释力毫无疑问会受到很大影响。为了弥补单个机制解释力的不足，本章将进一步对三种机制的综合作用进行分析。

7.1

知识转移与企业边界变化的模型分析

本书认为，企业边界的决定取决于内部生产的总成本（$C_I + C_M$）与外部生产的总成本（$C_E + C_T$）的比较。C_I 对应于企业的内部生产成本，C_M 对应于企业治理成本，C_E 对应于企业外部生产成本，C_T 对应于市场治理成本。由于威廉姆森的交易费用分析框架遭到众多的批评，本书在继续强调交易费用影响的同时侧重于企业的生产属性，强调知识对企业生产成本的影响，从而分析企业边界的决定。在只有企业自己拥有相关知识时，企业享有竞争优势。在不考虑治理成本（包括企业和市场治理成本）或者假设企业治理成本不变的情况下，（$C_I + C_M$）<（$C_E + C_T$），企业会选择一体化的生产方式。其他企业也具有相关知识时，这些企业享有专业化生

产所带来的规模经济优势和学习曲线效应（Afuah，2003；Lyons，1995；Williamson，1985；et al.），在某些零部件的生产制造甚至研发环节，原来一体化的企业本身不再享有竞争优势，在这种情况下，企业基于成本因素考虑会选择放弃一体化生产，而选择从外部采购。

在前面几章的分析中，分别明确了人才流动主要对生产成本产生影响；信息技术进步既对治理成本，又对生产成本产生影响；教育培训主要对生产成本产生影响。单纯考虑治理成本的变化，并不能确定企业边界的变化趋势，主要是由于相关机制作用的发挥，使得企业治理成本和市场治理成本同向变化。相关研究认为，信息技术的进步，使得 C_M 和 C_T 同时受到影响，且都呈现下降的态势（Malone et al.，1987，Dewett and Jones，2001，et al.）[①]。综合考虑几种机制的作用，不但使得治理成本受影响，而且生产成本也受影响。信息技术的进步不但促进了治理成本的下降，更加速促进知识的外移，影响生产成本。人才的快速流动、教育的发展等机制的作用，也使得知识转移越来越容易[②]。随着知识的成功转移，外部企业掌握了相关知识，能够利用这类知识进行专业化生产，享有了它所带来的规模经济优势和学习曲线效应，某些环节的外部生产成本 C_E < 内部生产成本 C_I。因此，从变化趋势上分析，（$C_I + C_M$）会越来越大于（$C_E + C_T$），从而企业会越来越多地选择外包、联盟等合作方式，而不再实行纵向一体化生产。我们可以通过图 7-1 进行简单的说明。

---

① 马龙等（Malone et al.，1987）认为信息技术在经济组织中可以起到"电子经纪"（electronic brokerage）和"电子整合"（electronic integration）的作用，"电子经纪"是指信息技术具有易于撮合买卖双方进行交易的功能；"电子整合"是指信息技术有利于价值链中相邻的两个活动环节之间的配合与合作。信息技术的"电子经纪"作用，减少了企业间的市场协调成本，而"电子整合"的功能则使得企业内部的协调成本得到降低。从而在信息技术发展的情况下，两种治理成本都得到了下降。

② 在本书第 3 章以及第 4 章的分析中，已对三种机制的作用进行了分析，认为它们作用的发挥有助于知识的转移。

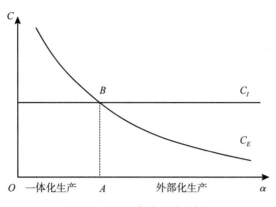

图 7 - 1 两类成本的比较

在图 7 - 1 中，纵轴 C 为成本，横轴 α 代表知识转移的难易程度，α 值越高代表知识转移相对越容易。由于两类治理成本 C_M、C_T 一般随技术进步发生同向变化，并不能决定两类成本曲线的对比情况，因此它们并不能决定两条曲线位置的变化，在图 7 - 1 中没有考虑它们。假设内部生产成本 C_I 固定，随着知识转移越来越容易，C_E 越来越低。C_I 和 C_E 两条曲线相交于 B 点。在 B 点的左边，$C_I < C_E$，内部化生产成本更低，企业更多会选择内部化生产，在 B 点右边，$C_I > C_E$，内部化生产成本大于外部生产的总成本，企业选择通过外包、联盟等方式从外部获得自身所需要的零部件。

知识转移的难易程度 α 受到多种因素的影响，从社会整体变革以及时间纵向维度上考虑，本书认为主要由三种机制产生作用，即人才流动、信息技术和教育。在整个社会发展、技术进步的大前提下，人才流动的速度越来越快、规模越来越大，信息技术的发展日新月异，促进教育发展已成了共识，从而促进知识以更快的速度、更大的规模实现转移。因此，企业边界有逐渐缩小的趋势。同时，企业边界也不可能无限的缩小，它还会受到其他因素的影响，本书就不作进一步的分析了。在下一部分，本书将对各种机制的共同作用进行分析。

7.2

知识转移机制的共同作用研究

为了更好地理解各种机制的作用，特别是它们的综合性影响，本节分析了各种机制间的相互关系，从而分析它们的共同作用对知识转移及边界变化的影响。

7.2.1 人才流动与信息技术的共同影响

人才流动促进了不同企业间技术人员的面对面交流，从而促进了知识的转移；信息技术的发展促进了知识显性化，及显性化知识的迅速、大范围转移。[①] 同时，信息技术的发展在实现人才大规模流动的过程中也发挥了很大的作用。

人才的大规模流动需要有发达的信息渠道沟通供求双方，并实现双方信息的对称。信息技术的发展，人才市场信息化程度的提高为各种供求信息的传递提供了便捷、高效的途径（Huber，1990，Henderson and Venkaatraman，1994，et al.）。人才市场、人才网络平台等各种人才中介机构通过提供供求信息为职位供求双方达成一致提供了基础。在人才市场等中介机构建设还比较落后，电子网络化程度不高时，信息的发布只能通过手工操作，也主要通过各种纸质材料进行传递，大大地限制了信息传递的速度和范围。此时，存在着严重的信息不对称性，大量的需求信息无法被潜在的需求者获得，同时，有求职需求的相关信息也很难被需求方所知道，因此必然对人才的大规模流动造成限制。现代信息技术的发展，各种现代

---

① 在本书的第 3 章有关部分以及第 4 章的 4.1 ~ 4.2 节，分别对人才流动及信息技术的作用进行了分析，具体可参见那部分。

化的信息传输手段成为现实，网络、电话、电邮、手机短信等媒介的使用使得各种供求信息能够有效地、大规模地传递，实现信息在双方间的对称，从而能够更多地实现供求双方的匹配，促进人才的大规模流动。

信息技术的发展，信息化的建设还有助于为供需双方提供专业化、个性化服务。运用现代信息技术，供求双方的信息可以区分得很细微，体现双方的个性化要求，可以根据供求双方信息要素对应的原则，进行岗位和人才的自动匹配，然后快速实现信息的反馈，实现供求双方信息点对点的对接，提高人才配置的成功率。信息技术的利用也是打破人才市场条块分割，实行人才跨区域、大范围流动的一种重要手段。借助信息网络技术，突破了信息的区域性封锁，实现了信息在不同区域间的传递，从而为人才在不同区域内的流动提供了可能，也有助于我国统一、开放、竞争、有序的人才市场体系的建设。

同时，信息化技术在促进人才流动中的作用也表现得越来越明显。专业类招聘网站已逐渐取代传统的人才交流市场成为各类人才寻找工作的首要途径。据一项调查显示，广州市天河科技园园区内企业人才招聘的主要途径依次是因特网（73.7%）、员工推荐（49.1%）、人才招聘会（43.9%）、大专院校（35.1%）、主动求职者（28.1%）、职业中介机构（17.5%）、猎头公司（8.8%）和报纸广告招聘（5.3%）等[①]。信息技术的大规模使用，促进了人才市场上供求信息地迅速、大范围传递，实现了供求信息的迅速匹配，促进了人才的大规模流动。信息技术和人才流动的共同作用使得知识能够以更快的速度转移，从而影响企业边界。当它们的作用导致 C_I 相对于 C_E 越来越大时，即外部生产成本逐渐远离 AB 线右侧时，见图 7-1，企业将会倾向于选择通过外包、战略联盟等方式得到自己所需的产品。

---

① 刘善敏. 人才流动现状、原因与对策研究——广州天河科技园企业人才调查结果分析 [J]. 广东科技，2004（1）.

7.2.2　人才流动与教育培训的共同影响

在第四章的分析中，认为人才流动的原因主要在于个人收入或者个人发展等方面得不到满足（王黎萤等，2004）。在一个人才相对短缺的社会，有更多的机会满足人才自身进一步发展的需求，从而可能造成人才流动的频率相对更快。

人才的培养是一个长期的过程，必须要花费大量的成本，因此也需要有更高的收入来弥补前期投入。在20世纪60年代舒尔茨发表的《教育和经济增长》、《教育的经济价值》等论著中，认为教育和训练是一种人力资本投资，教育投入的多少，对个人来说，是以后能否获得高学历、高收入的决定性因素。人力资本的形成不但需要花费巨额的直接投入成本，如学费、培训费等，同时也存在高昂的机会成本。从我国的普遍水平看，一个人从小学到大学毕业，整个过程的直接学费开支可能接近十万，如包含其他相关支出，则要大很多。同时，在学习的过程中也失去了进行工作所可能获得的收入，因此还必须缴纳一笔不小的机会成本。高昂的投入成本要求必须有高额收入作为回报，因此，经过教育拥有较丰富的人力资本后，为了弥补所付出的巨额成本，人力资本主体又极力追逐更高的收入，可能会有更加频繁的流动。

更主要的是，人才的相对不足以及对人才的激烈竞争使人才的大规模流动成为现实。从目前的现实来看，无论是国际上还是国内，在人才稀缺的情形下，[①] 对人才的竞争越来越激烈。因此，各企业、组织为了满足自己的人才需求，纷纷给予所需的人才越来越好的条件。我们可以通过下图进行说明，如图7-2所示。

---

① 在本书第4章中，已对人才短缺的现象进行过简单的介绍。

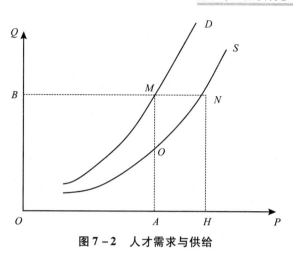

图 7 - 2　人才需求与供给

在图 7 - 2 中，横轴 P 代表价格，纵轴 Q 表示数量。D 表示人才的需求曲线，S 表示人才的供给曲线。人才的需求曲线 D 和供给曲线 S 都是向右上倾斜的。从需求角度考虑，这是因为人力资源是一种特殊的商品，它的产出受到多方因素的影响，如果能得到合理利用则能为企业带来更大的利益，所以虽然价格越来越高，但需求量也同样增加；从供给角度考虑，供给曲线向上倾斜是因为人力资源价格的提高刺激了投资的积极性，使得供给的总量在增加。由于人才的培养要经过一个长期的过程，在短期内并不能解决需求与供给间的缺口问题（如 OM），因此，在一定时期内这种缺口持续存在。从图 7 - 2 中可以了解到，某企业近年希望以价格 A 获得数量 B 的人力资源，但是由于存在需求与供给间的缺口，在市场上以价格 A 水平只能获得 OA 数量的人力资源，企业为了在市场上能够得到 B 数量的人力资源，必须付出更高的价格 H。现实中，由于人力资源的利用能够为企业带来更高的利益，它因此情愿付出 H 的价格获得这些足够的人力资源。

教育培训的发展提高了人口素质，有助于促进知识的向外转移。同时，受教育培训人员由于自身投入了较大的成本，同时受到更多的外部利益吸引，也促使了人才更频繁的流动，即教育的发展有可能促使人才更频繁、更大规模的流动。教育的发展和人才流动的共同作用促进了知识的更快转移。从图 7-1 中可以知道，由于这些机制的作用，使得内部生产成本 $C_I > C_E$，企业可能会更多地选择外部生产的方式。

高素质人才大规模地在不同企业间流动，因此从企业的角度考虑，就会发现由于人才的流动，可能会导致附于人才身上的人力资本流失[①]，从而不但对企业当前的业务造成损失，也使得企业的人才培养投资无法收回，从而使得企业可能更不情愿进行人才培养的投资。这也是目前我国企业所面临的一个严重问题，大部分企业都不愿意为其他企业做"嫁衣裳"，从而不利于我国人才素质的持续提高。这个问题能否得到较好的解决，关系到我国整个国家、社会的进一步发展。

7.2.3 信息技术和教育培训的共同影响

信息技术发展与教育培训发展两者间关系密切，双方互相促进，协同发展。信息技术的发展有助于促进教育培训方式的变革，创新教育培训内容；教育的发展则进一步为信息技术的发展提供智力支持。它们两者相互影响，共同推进了知识的快速、大规模转移。

信息技术的发展为教育培训的发展提供了新的方式，有助于受教育、培训人员掌握相关知识。在传统的教育方式中，不论是正规的学校教育，还是企业、组织的培训课程，甚至其他的教学活动，一般都是以直接面对面教授为主，由老师决定教学内容、结构、教学方式及教学进度，学生基本上处于被动的学习环境中（田振清、尹冰心，2000）。信息技术的发展极大地改变了传统的学习方式，更适合于学生的学习。它改变了以教师为中心的授课形式，以学生为中心的个别化教学、合作化教学得以真正实

---

① 巴泽尔（Barzel，1977）认为，人力资本具有不可剥夺性，任何人无法使其与载体相互分离。因此，由于人才的流动，使得企业的资源遭受损失。

现。教师可指导学生利用信息网络等其他先进视听设备进行个性化学习、相互间学习或小组学习。学生通过信息媒体提供的学习资料、模拟功能和数据库开展多种形式的学习活动，如个别思考、小组讨论等。借助信息技术，可以直接把各种知识用形象、直观的方式表达出来，有利于受教育者的掌握。即使是企业生产过程中一些抽象的知识，也可以借助多媒体的形象展示，获得更佳的学习效果。在信息技术实现教学的个别化的同时，它也延长了受教育者的范围。借助网络技术使得远距离的受教育者能够有机会学习新的知识、技术，并享受与其他学生一样的资源，促进了教育在区域范围内的公平、迅速发展。

信息技术的发展改变了教育培训的内容。信息技术的发展为各种知识大规模储存、传递提供了条件。受教育者有机会通过网络接触到各种知识，扩大了自己的知识面。知识资源的拓展，为学生的发展提供了更广阔的天地。同时，它也要求知识的传授者紧跟知识发展的前沿，才能较好地履行自己传授知识的职责。

信息技术的运用促进了教育培训的发展，同时，教育发展也为信息技术的进一步发展提供智力支持。教育发展为信息技术的发展提供了专业人才基础，促进了技术革新和新技术的创造。同时，企业内部员工素质水平的提高，也促进了信息技术的大规模运用。

信息技术和教育培训的相互促进以及共同作用，使得知识更加容易在不同企业间实现，企业因此会选择外包、联盟等方式从外部获取所需的各种产品，企业边界逐渐缩小。

从上述分析可知，三种知识转移机制之间具有密切的联系。一种机制的发展、变化会对另外机制的发展变化产生影响。在各种机制单独对知识转移以及边界变化产生影响时，它同时也对另外两种机制产生影响，从而放大它对知识转移以及边界变化的影响。这些机制的共同作用，使得知识能以更低的成本实现向外的转移，企业外部生产享有越来越大的优势，C_I相对于C_E越来越大，企业因此放弃一体化，而通过外包、联盟的方式实行外部化生产，企业边界逐渐缩小。

7. 3

知识转移机制作用的实证分析

在前面部分分别对单个机制以及两两不同机制的共同作用进行了分析。为了进一步增强解释力，本章将对三种机制及相关控制变量的作用进行综合分析。由于在现实中很难同时获得足够的相关企业数据，在本章的分析中将采用以我国各省区作为截面的面板数据进行分析。

由于各省区的有关数据是在个体的基础上加总，采用以各省区作为截面的面板数据进行分析可能会使数据的一些个体特性、行业特性受到影响。但整体数据的变化趋势与个体数据的变化趋势无疑是一样的，在实证分析时应可以较好地反应自变量与因变量之间的相互关系，且在前述部分也已从微观的角度分别验证了各种机制的作用。

本节选取我国大陆地区除西藏外的其余各省区 1999～2005 年的相关数据进行实证分析。

7.3.1 指标的选择及设计

从目前的文献来看，有些学者已对本书所涉及的变量进行过研究。但从这些研究也可以发现，即使对于同一个变量，不同的学者也可能选择不同的替代指标。在这一部分，本书将在对有关学者的研究进行分析的基础上，确定各个变量的替代指标。

1. 因变量：纵向一体化程度（OUS）

在前面部分，已对企业纵向一体化的测量方法进行过整理，清楚目前主要有三种测量方法，即价值增值法、主辅分类法及投入产出法。由于数据的易得性以及分析的简便性，较多的学者使用价值增值法。本处的分析也仍将应用价值增值法。这主要基于两上理由：一是价值增值法所需的相关数据容易获得；二是本书对企业在较长时期内的边界变化进行分析，基于一个连续的时间过程，而目前我们国家并没有提供连续年度的投入产出表。

根据价值增值法，企业的纵向一体化程度为：

$$纵向一体化程度 = \frac{增加值}{总产值}$$

为了便于分析，本书对价值增值法进行了简单的调整，直接求出企业的"外部采购"比例。由于企业的纵向一体化程度与"外部采购"程度是相对的，因此：

$$"外部采购"程度（OUS）= 1 - \frac{增加值}{总产值}$$

OUS 值越大，说明企业从外包过程获得的部件越多，企业的一体化程度越低。

2. 自变量：人才的流动（PAF）

人才的流动不但有利于显性程度高的知识的转移，同样促进隐性程度较高的知识的转移。学者们在研究"衍生型"企业时，强调目前企业员工原来的工作经历对企业的业绩具有显著的影响。在研究人才流动的影响时，首先必然会涉及对"人才"的定义。然而，目前学界并没有一定统一的定义，究竟什么样的人是"人才"不同的学者有不同的观点。本书并不想涉入"人才"的定义之争。从目前各种关于"人才"的定义可以了解，人才具有某种或某些素质、能力，为社会发展和人类进步进行了创造性劳动，在某一领域，某一行业，或某一工作上做出较大贡献的人。然而，基于这种理解，很难对人才数量化，因为哪些人是人才而哪些人不是人才很难确定，或者需要花费很高的成本才能确定，因此必须找到相应的替代指标。

以个人所具有的相关证书、学历来衡量一个人是否属于"人才"是一种相对较好的度量方法。一般认为"人才"是指具有专业技术职务任职资格或者中专以上学历的专业技术人员以及各类管理人员。在现有的各种相关年鉴中，都公布了相关的数据资料，为研究提供了方便。结合本书的研究目的，以及统计年鉴公布的项目，本书采用"每万名就业人员中实现流动的拥有职业资格人数"的流动数量来衡量人才流动的数量，用 PAF 表示。

相对于"人才流动"的实证研究，目前学界对信息技术的实证研究很多，提出了很多的替代变量。一个国家、地区或企业的信息技术发展状况或者信息化水平的衡量涉及很多方面，单一指标在衡量时可能可信度会受到一定影响。信息网络、移动通话技术、固定电话技术、电视网络的发展以及各种硬件设备的普遍使用，都会对这一地区的信息化水平产生影响。目前，在涉及对信息化程度进行专门研究时，很多实证分析采用综合性的信息化测定方法来进行测量。

当前主要有两种信息化水平的测定方法，一是波拉特的方法；二是日本学者的社会信息化指数模型。信息化测度理论最早是由美国学者弗里茨．马克卢普在其 1962 年出版的《美国的知识生产和分配》中提出来的，即马克卢普信息经济测度模式。1977 年 M. 波拉特（波拉特，中文 1987）在马克卢普的基础上提出了一套新的可操作的方法。他认为信息经济的发展主要靠两大信息部门的发展来构成。第一信息部门表示直接产生信息和知识并加以处理的部门；第二信息部门则表示"消费"信息的部门，即所有消耗信息服务的政府部门和非信息企业部门。波拉特认为，第二信息部门对信息经济的贡献起着重要的作用。为进行信息经济的投入产出分析，波拉持提出一套依据一般的投入产出数据编制信息投入产出表的理论与方法，并利用美国国家统计数据具体地测算了美国信息经济的国民生产总值（Gross National Product，GNP）和就业人数，第一次使人们对美国的经济结构和性质有了比较清晰的认识。

目前学界使用更多的是日本学者的社会信息化指数模型。1965 年，日本经济学家小松畸清提出信息化指数法。信息化指数模型由 4 个二级指标和 11 个三级指标构成，包括：信息量（间接表示信息装备水平和信息服务业的发展）、信息装备率、通信主体水平（人才结构和第三产业发展水平）和信息系数（消费者基本生活费用之外的投入）。这种方法由于简单易操作，被包括我国在内的很多国家所广泛采用。

从我国的情况来看，很多学者利用这两种方法进行了研究。王可（1986）应用波拉特方法对 1982 年我国信息化水平进行了实证分析。贺铿（1989）在波拉持理论的基础上，提出一种依据"全口径"投入产出表编制信息产业投入产出表的方法。靖继鹏、王欣（1993）应用动态观点分析了信息产业的含义、结构及信息产业应遵循的 4 个定律，对马克卢普与波拉特的方法进行比较。贾怀京等（1997）以日本学者提出的信息化指数模型为基础，并参照我国统计工作的特点对我国 1985～1994 年信息化水平进行测度，在信息量指标集中引入了"每平方公里人口密度"指标。梁海丽等（1999）认为对于人口众多的发展中国家或地区来说，人口密度大并不能表明信息水平高，在目前计算机网络发展非常迅速，互联网逐渐被人们应用的今天，应删除该指标而引入互联网用户指标。郑建明等（2000）在信息化指数指标集中引入了"每万人上网数"这一指标；同时，为了确定各指标的权重，通过专家访问方式，采取"德尔菲法"（又称专家打分法）和层次分析法，得出各指标的相对重要性，根据古林算法推算出各指标的权重系数。陈昆玉（2001）也采用"德尔菲法"（又称专家打分法）确定各指标权重系数。信息产业部在 2001 年发布了《国家信息化指标构成方案》，对于科学评价国家及地区信息化水平，正确指导各地信息化发展具有重要意义。2004 年国家信息化测评中心推出了第 1 个中国企业信息化指标体系，该指标体系第一次将"建设有效益的信息化"的要求以评价指标的形式落到实处，第一次提出从效能角度评估企业信息化水平，建立企业信息化标杆库，构成可以反映统计规律性的基本数据库，并以此为重要刻度之一，准确评价企业信息化水平及效益水平。张宗益等人（2006）同样采用信息化指数模型对我国的信息化水平进行了测量。

在这些信息化指数测算的模型中，比较有代表性的有两个，一是信息产业部委托国家统计局开发的国家信息化指标模型；二是张宗益等人（2006）的测算模型。国家信息化指标包括 5 个一类变量，25 个二类变量，通过赋予各变量合适的权重求得信息化指数值。张宗益等人的模型则有 4 个一类变量，15 个二类变量，通过主成分分析法对各变量进行分类，并赋予各变量权重，求得信息化指数值。这两种方法各有千秋，都较好地反映了一个国家地区的信息化水平。

本书并没有采用他们的信息化指数测算方法对各个地区的信息化指数进行计算。这主要是因为现有的各地区信息化指数并不完整，有的年份缺失。为了数据获得的方便，以及数据的相对科学性，本书选取"城镇每百户拥有电脑台数"作为替代变量进行分析，并以 *ICT* 表示。这个单独指标包括在国家信息化指标体系中，同时它又能较好地反映互联网的发展状况及上网人数，具有一定的代表性。

3. 自变量：教育培训（*EDD*）

教育对于经济增长的促进作用已无可置疑，很多学者也已做过这方面的实证研究。从他们的研究来看，教育的替代变量相对集中，大部分都集中于对教育经费作用进行研究。也有的学者以人力资本或者受教育程度作为教育发展的替代变量。蔡增正（1999）在就教育对经济增长的贡献进行实证分析时，采用了各个国家的"教育经费支出"作为教育产品的替代变量。他使用世界上 194 个国家和地区的数据，考察了教育在 1965～1990 年中对经济增长的贡献。为了认识教育在经济发展不同阶段的作用，对低收入、中等收入和工业化国家的三个样本分别进行了估计。他的研究显示，教育对于经济增长的贡献巨大且具实质性，教育的外溢作用不但是正的而且颇为可观；同时，教育对于经济增长的作用在经济发展的过程中表现为先弱、后强、最后稍有降低的趋势。林勇（2003）在他对教育与经济增长协调发展的实证研究中，同样从教育经费投入等方面对教育发展进行衡量。李玲（2004）、陆根尧等（2004）以及郑丽琳（2006）等在进行相关分析时也一样采用"教育经费"作为教育的替代变量。

根据现有的文献分析，本书同样用"教育经费"作为教育培训发展的替代变量，通过教育经费的增减来度量教育的发展程度。本书的教育经费指"财政性教育经费"，用 EDD 表示。

4. 控制变量：知识属性（EXK）

在本书的分析中，知识属性主要指知识的隐性属性和显性属性。随着知识显性程度的提高，知识越来越容易实现对外的转移。显性程度高的知识的总量越来越多，实现对外转移的知识总量一般也会随之越来越多。由于知识的两种属性是相对的，因此，本书在进行实证分析时只考虑显性知识。

显性知识是一种可以编码的知识，很多学者对显性知识进行了定义。波兰尼（Polanyi，1966）就认为显性知识是一种可以表达、记载、描绘或可以说明的知识，或者说它是一种陈述性的（Anderson，1983）、客观性知识（Spender，1996）。本书前面部分对显性知识进行了较详细的阐述。一般认为，显性知识主要包括技术秘密、专利等所潜含的知识。它一般具有某种物质载体，如纸张、磁介物等，可以通过自身研究获得，也可以从外部市场购买。

从现有的研究来看，由于知识具有难于度量性，因此较少对知识进行实证研究。但知识度量的困难主要在于隐性程度高的知识，它很难说明、表达，没有形式化的物质载体。显性知识的度量则相对容易。在进行相关研究时，学者们如应用二手数据进行分析，一般用专利、R&D 支出，或者论文数量作为显性知识的替代指标。如大卫和福瑞（David and Foray，

1995）研究论文以及专利数量共同衡量显性知识的数量。本书在选取相关指标时遵循数据的"科学性"及"易获取性"两个原则。从相关统计年鉴上可以发现，各地区的专利数量、R&D 支出以及技术的交易量（经费）都有直接的数据。在本书的研究中，与大多数研究一样，采用"专利数量"作为度量显性知识的替代指标，以 EXK 表示。

5. 控制变量：市场化程度（MAD）

市场化是一个资源由计划配置向市场配置的过程，市场化程度的提高说明一个国家、地区市场配置资源的比例不断上升，市场的作用越来越大。从现有的文献来看，衡量一个国家、地区的市场化程度主要采用市场化指数指标。国内一些学者尝试了对我国及各地区的市场化指数进行度量。

卢中原、胡鞍钢（1993）可能是国内最早对市场化指数进行测量的学者。他们选择了四个单项的市场化指标，并对每一个指标赋予一定的权重，求它们的加权平均数获得国家或地区的市场化指数。他们的指标包括：一是投资市场化指数，由"利用外资、自筹资金和其他投资"三项投资占全社会固定资产投资总额的比重来表示。刘元春等人（2003）在他们的论文中则只利用这个指标来衡量市场化程度。二是价格市场化指数，由农产品收购价格中非国家定价比重来表示。三是生产市场化指数，由工业总产值中非国有经济所占比重来表示。四是商业市场化指数，由社会商品零售额中非国有经济所占比重来表示。国家计委课题组（1996）同样对市场化程度进行了测算，但他们是从"商品市场化程度"和"生产要素市场化程度"两个方面进行测算。顾海兵（1997）在对中国市场化程度进行估计和预测时，选取了四个大类指标：一是劳动力的市场化程度，包括农村劳动力市场、城镇劳动力市场、城乡分割的户口管理体制、城乡的户口封闭体制四个方面；二是资金的市场化程度，包括资金市场的主体结构、资金结构、利率结构三个方面；三是生产的市场化程度，包括第一、二、三产业的情况；四是价格的市场化程度，包括重要工农业产品价格和公用事业的价格、房地产价格、医疗价格、外汇价格等方面。

　　从目前来看，使用最广，影响最大的两个测算模型分别是樊纲、王小鲁等人的模型和北京师范大学课题组的模型。樊纲等人（2001、2003）采用主成分分析法以及加权平均法等方法对我国各地区的市场化程度进行了测算。目前他们以年度报告的形式每年都会发布对各地区市场化指数进行测算的结果。在他们的模型中，包括 5 个大类指标 25 项二级或三级指标。一是政府与市场关系，包括市场分配资源的比重、减轻农村居民的税费负担、减少政府对企业的干预、减轻企业的税外负担、缩小政府规模 5 项二级指标；二是非国有经济的发展，包括非国有经济在工业总产值中所占比例、非国有经济在全社会固定资产总投资中所占比例、非国有经济就业人数占城镇总就业人数的比例 3 项二级指标；三是产品市场的发育程度，包括价格由市场决定的程度、减少商品市场上的地方保护 2 项二级指标，以及政府对社会零售商品价格的控制、政府对生产资料价格的控制、政府对农产品价格的控制 3 项三级指标；四是要素市场的发育程度，包括金融业的市场化、引进外资的程度、劳动力流动性、技术成果市场化 4 项二级指标，以及金融业的竞争、信贷资金分配的市场化 2 项三级指标；五是市场中介组织发育和法律制度环境，包括市场中介组织的发育、对生产者合法权益的保护、知识产权保护、消费者权益保护 4 项二级指标，以及律师人数/总人口、会计师人数/总人口、市场秩序、执法效率、3 种专利申请受理量/科技人数、3 种专利申请批准量/科技人数、消费市场秩序、对消费者保护的程度 8 项三级指标。北京师范大学课题组（2003）则在借鉴国际研究机构的指标的基础上，从 5 个大类进行测算，一是政府行为规范化，包括政府的财政负担、政府对经济的干预 2 个二有指标；二是经济主体自由化，包括非国有经济的贡献、企业运营 2 个二级指标；三是生产要素市场化，包括劳动与工资、资本与土地 2 个二级指标；四是贸易环境公平化，包括贸易产品定价自由度、对外贸易自由度、法律对公平贸易的保护 3 个二级指标；五是金融参数合理化，包括银行与货币、利率和汇率 2 个二级指标。

这些市场化程度的测量模型为衡量、比较各地的市场化发展状况提供了分析的工具。但是这些模型的计算相对较复杂，特别是一些指标的相应数据很难获得。同时模型的创建者提供的各地市场化指数数据有限，并不能满足本书分析的需要。因此，本书在对市场化程度进行度量时选取另一个替代指标，即"市场分配资源的程度"（MAD），$MAD = \dfrac{财政支出 - 科教文卫支出}{各地区生产总值}$[①]。$MAD$ 值越高，说明市场化程度越低。这个指标同时也是樊纲等人模型中的第一个指标，有一些学者也曾用它来说明市场化程度。

6. 控制变量：市场规模（MAS）

相比较于市场化程度，市场规模的测度并没有那么复杂，一般使用单一指标，而没有使用指数形式。市场规模的替代变量也相对集中，一般有两种形式的替代变量，一是总量变量；二是人均变量。有的经济学家用"人口总数"代表市场规模，认为一个国家、地区的人口总量越大，市场消费能力也就越强，市场规模越大。也有的学者用消费者支出总量、社会零售消费品的销售总额等总量指标来解释市场规模。与这些总量指标不同，有的学者采用人均指标来说明市场规模，如人均国内（地区）生产总值、居民的购买力水平、居民的消费水平等。

对国内的相关实证研究进行分析，发现两种变量都有学者采用。范红忠（2004）在解释地区投资吸引力时，认为地区市场规模是一个重要解释因素。他用最终消费者支出代表消费品市场规模，以及用其他的相关总量数字表示中间投入品和科技服务业市场规模。方晋（2004）在分析影响贸易依存度的影响因素时，用人均国民收入作为市场规模的替代变量，

---

① 有的学者直接用（财政支出/各地区生产总值）表示市场化程度，而本书这里用（财政支出 - 科教文卫支出）/各地区生产总值，主要是考虑"科教文卫"支出是政府的必须支出。

发现市场规模对贸易依存度具有显著影响。侯广辉（2006）在对企业边界变化进行实证分析时，同样选取人均地区生产总值作为市场规模的替代变量。周毓萍（2003）则同时采用总量指标和人均指标说明市场规模的大小。她在分析市场规模对外商投资的影响时，分别从社会零售消费品的销售总额、人均国内生产总值、居民的购买力水平、居民的消费水平四个方面来衡量市场规模。

本书在对市场规模进行实证分析时，按照大多数学者的观点，采用"人均地区生产总值"作为替代变量，并用 MAS 表示。"人均地区生产总值"越大，说明市场规模越大。

7.3.2　模型设计

本书的目的在于分析各种知识转移机制对知识转移的影响从而影响企业边界的变化。人才流动、信息技术以及教育培训三种机制在时间纵向维度上作用越来越大，使得知识在区域范围内向外转移的速度越来越快、规模越来越大，从而促进了企业边界的缩小。在进行回归分析时，模型的自变量为人才流动、信息技术以及教育，应变量则为企业的一体化程度。

在前面部分已分析过，包括知识属性等在内的影响因素也会对知识转移产生影响，从而必然会影响企业边界的变化。然而，从时间纵向维度分析，知识源的特性、接收方的特性，以及情景因素随时间发生变化的可能性较小，因此在解释为什么在时间纵向维度上企业边界会发生变化时这些因素可能不是合适的解释变量。因此，本书主要把知识属性这个影响因素作为一个控制变量进行分析。

很多学者还分析了"市场化程度"及"市场规模"对企业边界变化的影响。市场化程度对交易成本有着显著的影响，市场化程度的提高有利于降低市场交易费用，从而在某种程度上促进了企业的"外包"行为。同时，市场化程度的提高，有利于发挥企业的专业化生产优势，同时会促进企业选择外部化生产。斯密认为，分工决定市场规模，而杨格认为，不但分工决定市场规模，市场规模反过来又会影响着分工发展的水平。市场规模的扩大使得企业更容易实现专业化生产优势，在某种程度上促进了企业的专业化生产，企业边界有缩小的趋势。因此，本书还将把"市场化程度"和"市场规模"作为控制变量进行分析。

本书用 OUS 代表企业的一体化程度，PAF 代表人才流动，ICT 代表信息技术，EDD 代表教育培训，EXK、MAD、MAS 分别代表知识属性、市场化程度和市场规模。在前面理论分析的基础上，本书的回归分析模型如下：

（1）如选择个体固定效应模型，则方程为：

$$\log(OUS_{it}) = C_i + C_1 \times \log(PAF_{it}) + C_2 \times \log(ICT_{it}) + C_3 \times \log(EDD_{it})$$
$$+ C_4 \times \log(EXK_{it}) + C_5 \times \log(MAD_{it}) + C_6 \times \log(MAS_{it})$$

其中：C_i 为常数项，C_1，$\cdots$，C_6 代表各个变量的不同系数项，i 代表我国 30 个省、区之一，t 代表 1999～2005 年的一年。

（2）如选择时间固定效应模型，则方程为：

$$\log(OUS_{it}) = C_t + C_1 \times \log(PAF_{it}) + C_2 \times \log(ICT_{it}) + C_3 \times \log(EDD_{it})$$
$$+ C_4 \times \log(EXK_{it}) + C_5 \times \log(MAD_{it}) + C_6 \times \log(MAS_{it})$$

其中：C_t 为常数项，C_1，$\cdots$，C_6 代表各个变量的不同系数项，i 代表我国 30 个省、区之一，t 代表 1999～2005 年的一年。

（3）如选择个体、时间固定效应模型，则方程为：

$$\log(OUS_{it}) = C_{it} + C_1 \times \log(PAF_{it}) + C_2 \times \log(ICT_{it}) + C_3 \times \log(EDD_{it})$$
$$+ C_4 \times \log(EXK_{it}) + C_5 \times \log(MAD_{it}) + C_6 \times \log(MAS_{it})$$

其中：C_{it} 为常数项，C_1，$\cdots$，C_6 代表各个变量的不同系数项，i 代表我国 30 个省、区之一，t 代表 1999～2005 年的一年。

7.3.3 数据来源

对于本书在进行实证分析时需要用到的各种变量以及替代指标，上一部分已进行了详细的阐述。在进行实证分析时，各个替代指标的数据来自于我国大陆地区各省、自治区、直辖市 1999 ~ 2005 年的相关数据。由于西藏的相关数据不全，在本书分析过程中把它剔除了，因此实际上只包含 30 个地区的数据。对于纵向一体化程度"OUS"，我们选用了"中国主要科技指标数据库"中的数据。在这个数据库中，我们选取了 1999 ~ 2005 年我国各省、市、自治区的工业总产值及工业增加值数据，通过公式计算出了各地区 1999 ~ 2005 年的工业企业"外部采购"比重。人才流动"PAF"的数据来自 2000 ~ 2006 年中国统计年鉴。在中国统计年鉴中，每年都公布了通过职业介绍所实现成功流动的拥有职业资格人员数量 N_1。每年的就业人口数也可从统计年鉴中获得，本书采用的是各省、市、自治区的年底就业人口数 N_2。$\dfrac{N_1}{N_2}$ 就得到了 PAF 值。在中国主要科技指标数据库中，公布了 1999 ~ 2005 年的各省、市、自治区的"城镇每百户拥有电脑台数"，本书信息技术指标"ICT"直接采用了这个数据。教育"EDD"的数据同样来源于中国统计年鉴（2000 ~ 2006 年）。在中国统计年鉴中，公布了每一个省、市、自治区各年的财政性教育经费支出额，本书采用这个数据说明教育的发展状况。对于三个控制变量，它们的数据分别来源于中国统计年鉴和中国主要科技指标数据库。显性知识"EXK"中的数据从"中国主要科技指标数据库"获得，我们选用了 1999 ~ 2005 年各省、市、自治区的专利申请授权量来说明各地区显性知识的状况。市场化程度"MAD"中的财政性支出和"教育事业费"、"科学事业费"、"文体广播事业费"、"卫生经费"，以及各地区生产总值等相关数据都可在统计年鉴中获得。市场规模"MAS"的人均地区生产总值在中国主要科技指标数据库中可以直接得到。把各变量的替代指标以及数据来源进行总结，如表 7 - 1 所示。

表 7 - 1 本书各变量描述

	度量指标	替代变量	数据来源
因变量			
OUS	外包程度	$1 - \dfrac{增加值}{总产值}$	中国主要科技指标数据库
自变量			
PAF	人才流动	每万名就业人员中实现流动的拥有职业资格人数	中国统计年鉴
ICT	信息技术	城镇每百户拥有电脑台数	中国主要科技指标数据库
EDD	教育	财政性教育经费绝对额	中国统计年鉴
控制变量			
EXK	显性知识	各地区专利授权量	中国主要科技指标数据库
MAD	市场化程度	财政支出减去"科教文卫"支出后占各地区生产总值的比重	中国统计年鉴
MAS	市场规模	人均地区生产总值	中国主要科技指标数据库

7.3.4 实证结果及讨论

7.3.4.1 变量间的相关性

在进行回归分析之前，有必要对各变量进行相关性分析，以便了解各变量间的共线性问题，并在回归分析时进行适当地处理。根据各个替代变量的相关数据，利用 Excel 2003 的数据分析功能，本书对各个变量间的相关性进行了分析，具体关系如表 7 - 2 所示。

表 7 - 2 各变量间的相关系数

	1	2	3	4	5	6	7	8	9
PAF	1.0000								
log(PAF)	0.8306	1.0000							
ICT	0.5313	0.5234	1.0000						
log(ICT)	0.4656	0.4958	0.8843	1.0000					

续表

	1	2	3	4	5	6	7	8	9
EDD	0.4828	0.5181	0.7322	0.6510	1.0000				
$Log(EDD)$	0.3192	0.4282	0.6117	0.6380	0.8802	1.0000			
$\log(EXK)$	0.3633	0.4506	0.5767	0.5401	0.8458	0.9055	1.0000		
$\log(MAD)$	−0.0762	−0.1422	−0.0804	−0.0729	−0.4441	−0.5318	−0.6723	1.0000	
$\log(MAS)$	0.6017	0.6668	0.7615	0.6913	0.6378	0.5616	0.6216	−0.2653	1.0000

从各变量的相关系数来看，对自变量取对数进行分析与不取对数进行分析时对相关系数的影响并不大，相关性互有增减。为了减少可能存在的异方差现象，本书在进行回归分析时对各个变量都取了对数。从各自变量间的相关系数的结果来看，$\log(ICT)$ 和 $\log(EDD)$ 间存在较大的相关性，其相关系数超过了 0.6。实际上，不但 ICT 和 EDD 间存在较大的相互性，PAF、ICT、EDD 中两两间都存在比较显著的相互关系。自变量间的相关性，从前面的分析中也可以得到证实。

7.3.4.2 方法及回归结果

（1）回归方法。

在本部分回归分析中，主要借助于 Eviews 5 软件，采用最小二乘法对面板数据进行回归分析。在进行回归时，分别选择不同的固定效应模型及是否进行截面加权回归。这样实际上进行了 6 种不同的回归分析，即个体固定效应模型、不选择截面加权；时间固定效应模型、不选择截面加权；个体固定效应模型、选择截面加权；时间固定效应模型、选择截面加权；个体、时间固定效应模型，不选择截面加权；个体、时间固定效应模型、选择截面加权。结合数据性质，对不同的回归模型及结果进行分析后，认为模型主要受到时间差异性及截面异方差性的影响，应选择时间固定效应模型及截面加权进行分析，并对利用这种方式所得到的回归结果进行讨论。

为了更好地反映各个自变量对应变量的影响，本书分别对单个自变量与应变量进行了回归分析，然后分别就自变量与应变量，以及自变量、控制变量与因变量的关系进行分析。

（2）检验结果。

在这一部分，将对利用各种不同的模型以及截面加权与否进行回归所得到的结果予以讨论。模型1、模型2、模型3分别单独对三个自变量与应变量"外部采购比重"进行回归，在模型4中，同时进入"人才流动"与"信息技术"与应变量进行回归，在模型5中，则再把第三个自变量"教育"进入模型进行回归，模型6则全部自变量与控制变量同时进入模型进行回归。

我们将首先"选择个体固定效应模型以及不选择截面加权"进行回归，表7-3公布了相应的回归结果。

表7-3　　　选择个体固定效应模型及不选择截面加权的回归结果

变量	模型1	模型2	模型3	模型4	模型5	模型6
$\text{Log}(PAF)$	0.0079 **** (0.0038)			-0.0012 (0.0038)	-0.0020 (0.0038)	-0.0025 (0.0037)
$\text{Log}(ICT)$		0.0147 *** (0.0033)		0.0152 *** (0.0035)	0.0076 (0.0081)	0.0150 ** (0.0075)
$\text{Log}(EDD)$			0.0376 *** (0.0082)		0.0220 (0.0201)	-0.0075 (0.0331)
$\text{Log}(EXK)$						0.0216 ** (0.0111)
$\text{Log}(MAD)$						-0.0634 *** (0.0163)
$\text{Log}(MAS)$						0.0237 (0.0340)
C	-0.4112 *** (0.0126)	-0.4246 *** (0.0091)	-0.5557 *** (0.0371)	-0.4220 *** (0.0125)	-0.4991 *** (0.0712)	-0.9059 *** (0.1872)
Adjusted R^2	0.8418	0.8526	0.8527	0.8518	0.8518	0.8612
$p\text{-Value}$	0.0000	0.0000	0.0000	0.0000	0.0000	0.0000

注：* 表示统计变量在90%的置信水平上是显著的；** 表示统计变量在95%的置信水平上是显著的；*** 表示统计变量在99%的置信水平上是显著的。

从表7-3可以知道，在"选择个体固定效应模型以及不选择截面加权"时，各单个自变量与应变量"外部采购比重"都在1%的显著性水平上显著，且 C_1、C_2、C_3 的值都大于0，说明各单个自变量都与应变量间存在正相关关系。但通过把几个自变量一起进入模型进行回归，可以发现各自变量的显著性受到影响，且"人才流动 PAF" C_1 的值小于0，且并没有通过显著性检验。当控制变量进入回归模型时，"人才流动 PAF"的 C_1 和"教育发展 EDD"的 C_3 小于0，且并没有通过显著性检验，市场规模（MAS）与应变量"外部采购比重"的关系也没有得到验证。

下面我们采用另一种方法进行回归，表7-4反映了选择个体固定效应模型以及截面加权时的回归结果。

表7-4　　　　选择个体固定效应模型及截面加权的回归结果

变量	模型1	模型2	模型3	模型4	模型5	模型6
Log(PAF)	0.0053 * (0.0028)			-0.0032 (0.0021)	-0.0043 *** (0.0018)	-0.0050 ** (0.0023)
Log(ICT)		0.0110 *** (0.0024)		0.0121 *** (0.0024)	-0.0036 (0.0061)	0.0048 (0.0062)
Log(EDD)			0.0320 *** (0.0060)		0.0442 *** (0.0159)	-0.0073 (0.0247)
Log(EXK)						0.0202 ** (0.0090)
Log(MAD)						-0.0467 *** (0.0131)
Log(MAS)						0.0416 * (0.0253)
C	-0.4027 *** (0.0091)	-0.4148 *** (0.0067)	-0.5301 *** (0.0270)	-0.4074 *** (0.0082)	-0.5620 *** (0.0563)	-0.9862 *** (0.1430)
Adjusted R^2	0.9343	0.9474	0.9601	0.9523	0.9617	0.9431
p-Value	0.0000	0.0000	0.0000	0.0000	0.0000	0.0000

注：* 表示统计变量在90%的置信水平上是显著的；** 表示统计变量在95%的置信水平上是显著的；*** 表示统计变量在99%的置信水平上是显著的。

从表7-4中的模型1、模型2、模型3可以知道，采用这种方法进行回归，各自变量与应变量间同样存在显著的正相关关系。当几个自变量一起进入进行回归时，通过比较上面两种应用不同方法进行回归所获得的结果，可以发现，无论是"选择个体固定效应模型以及不选择截面加权"还是"选择个体固定效应模型以及选择截面加权"，各单个自变量与应变量都具有显著的正相关关系。同时也可以发现，进行截面加权后，模型1、模型2、模型3、模型4、模型5、模型6的调整 R^2 值都要更大，模型的拟合程度更高。说明各截面（个体）间可能存在异方差的现象，通过截面加权，使得这种异方差现象得到了较好的处理，提高了模型的解释能力。这种各截面数据间存在的异方差现象也与大多数学者在对以地区为截面对象进行相关数据回归分析时发现的现象一致。

下面我们将应用时间固定效应模型进行回归分析。表 7-5 反映了应用时间固定效应模型以及不选择截面加权时进行回归的结果。

表 7-5　　选择时间固定效应模型及不选择截面加权的回归结果

变量	模型 1	模型 2	模型 3	模型 4	模型 5	模型 6
Log(*PAF*)	0.0324 *** (0.0054)			0.0141 *** (0.0056)	0.0168 *** (0.0055)	0.0116 ** (0.0055)
Log(*ICT*)		0.0791 *** (0.0081)		0.0705 *** (0.0095)	0.0892 *** (0.0128)	0.0736 *** (0.0183)
Log(*EDD*)			0.0250 *** (0.0063)		-0.0259 *** (0.0090)	-0.1370 *** (0.0172)
Log(*EXK*)						0.0574 *** (0.0125)
Log(*MAD*)						-0.1022 *** (0.0178)
Log(*MAS*)						-0.0117 (0.0130)
C	-0.4907 *** (0.0190)	-0.5967 0.0248	-0.4986 *** (0.0286)	-0.6196 (0.0248)	-0.5607 *** (0.0272)	-0.5567 *** (0.0930)
Adjusted R^2	0.1371	0.2756	0.0836	0.2865	0.3067	0.4860
p-Value	0.0000	0.0000	0.0008	0.0000	0.0000	0.0000

注：* 表示统计变量在 90% 的置信水平上是显著的；** 表示统计变量在 95% 的置信水平上是显著的；*** 表示统计变量在 99% 的置信水平上是显著的。

从表 7 - 5 可以知道，"选择时间固定效应模型以及不选择截面加权"进行回归时，各自变量单独与应变量都存在 1% 显著性水平上的正相关关系。当各自变量以及控制变量进入模型进行回归分析时，自变量的显著性程度并没有受到太大的影响，但从模型 5 和模型 6 可以知道，"教育 EDD"C_3 的值小于 0，而"市场规模 MAS"并没有通过显著性检验。通过表 5 - 5 也可以知道，各模型的调整 R^2 值都比较低，最高的是模型 6，调整 R^2 达到了0.4 多，说明各模型的拟合程度较低，同时也说明模型需要进一步改进，或者影响应变量的因素非常复杂，还有很多因素没有考虑。

下面我们同样应用时间固定效应模型进行回归分析，但选择进行截面加权。表 7 - 6 反映了应用时间固定效应模型以及选择截面加权时进行回归的结果。

表 7 - 6　　　　选择时间固定效应模型及截面加权的回归结果

变量	模型 1	模型 2	模型 3	模型 4	模型 5	模型 6
$\text{Log}(PAF)$	0.0263 *** (0.0031)			0.0125 *** (0.0028)	0.0163 *** (0.0029)	0.0055 * (0.0030)
$\text{Log}(ICT)$		0.0695 *** (0.0040)		0.0570 *** (0.0049)	0.0781 *** (0.0063)	0.0498 *** (0.0074)
$\text{Log}(EDD)$			0.0292 *** (0.0035)		- 0.0272 *** (0.0049)	- 0.1111 *** (0.0093)
$\text{Log}(EXK)$						0.0564 *** (0.0069)
$\text{Log}(MAD)$						- 0.0533 *** (0.0087)
$\text{Log}(MAS)$						0.0074 (0.0062)
C	- 0.4619 *** (0.0100)	- 0.5664 *** (0.0114)	- 0.5162 *** (0.0169)	- 0.5704 *** (0.0121)	- 0.5163 *** (0.0196)	- 0.6417 *** (0.0470)
Adjusted R^2	0.9641	0.9828	0.9883	0.9681	0.9725	0.9571
$p\text{-}Value$	0.0000	0.0000	0.0000	0.0000	0.0000	0.0000

注：* 表示统计变量在 90% 的置信水平上是显著的；** 表示统计变量在 95% 的置信水平上是显著的；*** 表示统计变量在 99% 的置信水平上是显著的。

通过表 7-6 可以知道，模型 1、模型 2、模型 3、模型 4、模型 5、模型 6 中各个自变量和控制变量都在 1% 的显著性水平上显著（除模型 6 "人才流动 PAF" 在 10% 显著性水平上显著，以及 "市场规模 MAS" 没有通过显著性检验外）。通过对比这两种应用时间固定效应模型进行回归的结果（见表 7-5 和表 7-6），可以发现对单个自变量进行回归分析时它们同样与应变量具有显著的正相关关系。这种结果与应用个体固定效应模型进行分析时的结果一样。同时也可以发现，对截面进行加权分析后，拟合程度也得到了显著的提高。这同样说明了各截面间有异方差现象的存在，必须进行截面加权处理。

比较在进行截面加权后应用个体效应固定模型以及时间效应固定模型的回归结果（分别见表 7-4 和表 7-6），可以发现应用时间固定效应模型进行回归所得的结果中，各个回归模型的拟合程度都更高了，同时也可以发现在不同的回归模型中有些自变量的显著性程度提高了。这说明企业外包程度受到时间差异性因素影响更大。

为了更好地说明时间差异性和个体差异性对回归分析的影响，我们将选择同时对固定个体和时间效应进行回归分析。下面将首先在不选择截面加权的情况下进行回归分析，表 7-7 是回归的结果。

表 7-7 　　　选择个体、时间固定效应模型及不选择截面加权的回归结果

变量	模型 1	模型 2	模型 3	模型 4	模型 5	模型 6
Log(PAF)	0.0064 ** (0.0027)			0.0064 ** (0.0027)	0.0065 ** (0.0027)	0.0061 ** (0.0029)
Log(ICT)		0.0013 (0.0093)		0.0005 (0.0097)	-0.0009 (0.0098)	0.0079 (0.0087)
Log(EDD)			-0.0339 (0.0300)		-0.0376 (0.0312)	-0.0012 (0.0280)
Log(EXK)						0.0152 * (0.0089)

续表

变量	模型 1	模型 2	模型 3	模型 4	模型 5	模型 6
Log(*MAD*)						-0.0417 *** (0.0097)
Log(*MAS*)						-0.1330 *** (0.0319)
C	-0.4062 *** (0.0090)	-0.3889 *** (0.0248)	-0.2319 *** (0.1357)	-0.4074 *** (0.0273)	-0.2344 *** (0.1495)	0.5838 * (0.3257)
Adjusted R^2	0.9304	0.9290	0.9294	0.9300	0.9300	0.9365
p-Value	0.0000	0.0000	0.0000	0.0000	0.0000	0.0000

注：* 表示统计变量在 90% 的置信水平上是显著的；** 表示统计变量在 95% 的置信水平上是显著的；*** 表示统计变量在 99% 的置信水平上是显著的。

从表 7-7 可以知道，在模型 1 中"人才流动 *PAF*"在 5% 显著性水平上显著，而在模型 2、模型 3 中，"信息技术 *ICT*"和"教育 *EDD*"并没有通过显著性检验。从模型 4、模型 5 和模型 6 中也可以发现，除了"人才流动 *PAF*"在 5% 显著性水平上显著外，"信息技术 *ICT*"和"教育 *EDD*"同样没有通过显著性检验。通过与前面的分析结果进行对比，可以说明这种分析法具有一定的问题。

下面我们同时固定个体和时间效应进行回归分析，以及同时选择进行截面加权进行分析。表 7-8 反映了同时选择个体、时间固定效应模型以及截面加权进行回归分析后的结果。

表 7-8　　选择个体、时间固定效应模型及截面加权的回归结果

变量	模型 1	模型 2	模型 3	模型 4	模型 5	模型 6
Log(*PAF*)	0.0039 ** (0.0020)			0.0039 ** (0.0020)	0.0036 ** (0.0020)	-0.0003 (0.0023)
Log(*ICT*)		-0.0028 (0.0061)		-0.0018 (0.0063)	-0.0007 (0.0064)	0.0040 (0.0057)

续表

变量	模型 1	模型 2	模型 3	模型 4	模型 5	模型 6
Log(EDD)			0.0093 (0.0193)		0.0115 (0.0201)	0.0289 (0.0192)
Log(EXK)						0.0166 *** (0.0053)
Log(MAD)						− 0.0348 *** (0.0059)
Log(MAS)						− 0.0970 *** (0.0199)
C	− 0.3983 *** (0.0067)	− 0.3780 *** (0.0162)	− 0.4275 *** (0.0874)	− 0.3935 *** (0.0183)	− 0.4477 *** (0.0953)	0.1552 (0.1857)
Adjusted R^2	0.9878	0.9890	0.9884	0.9877	0.9868	0.9891
p-Value	0.0000	0.0000	0.0000	0.0000	0.0000	0.0000

注：* 表示统计变量在 90% 的置信水平上是显著的；** 表示统计变量在 95% 的置信水平上是显著的；*** 表示统计变量在 99% 的置信水平上是显著的。

从表 7 – 8 中可以知道，除了在模型 1 中"人才流动 PAF"在 5% 显著性水平通过检验外，在模型 2 和模型 3 中"信息技术 ICT"和"教育 EDD"都没有得到验证。在模型 6 中，三个自变量都没有通过显著性检验，倒是三个控制变量都在 1% 的显著性水平上显著。比较表 7 – 7 和表 7 – 8 的结果，可以发现进行截面加权后方程的拟合程度明显提高了，再一次说明了不同截面间存在异方差现象，必须进行截面加权处理。然而，不论是否进行加权处理，在同时固定个体和时间效应后，发现无论是对单个自变量进行单独回归还是几个自变量一起或者自变量与控制变量一起进行回归，并不能发现各自变量与应变量具有在 1% 显著性水平上的正相关关系，特别是 ICT 和 EDD 两个自变量根本与因变量间就不存在显著性关系。而通过应用其他方法进行回归所得到的结果来看（见表 7 – 3、表 7 – 4、表 7 – 5、表 7 – 6），各单个自变量都与应变量间具有比较显著的正相关关系。因此可以清楚，并不能同时引入时间和个体固定效应，否则会影响回归分析的结果，不能很好地说明实际情况。

通过对各种分析结果进行分析，可以发现各变量的截面数据间存在异方差的现象，同时也可以发现时间差异性对回归的影响也很大，而个体差异性影响相对小，且这两种差异性不同时存在。因此，应该选择时间效应固定模型，同时选择进行截面加权进行回归分析，才能更好地说明真实情况。表 7 − 6 反映了应用这种方法进行回归的结果。

7.3.4.3　讨论

在本书的回归分析中，分别应用了不同固定效应模型，同时选择是否进行截面加权进行了回归分析。表 7 − 3 ~ 表 7 − 8 分别反映了应用不同固定效应模型以及截面加权与否进行回归得到的结果。可以发现模型中存在不同截面间的异方差现象，同时时间差异性的影响大。表 7 − 6 反映了选择时间效应固定模型以及进行截面加权处理后进行回归所得到的回归结果。从表 7 − 6 的模型 1、模型 2、模型 3 可以知道，三个自变量都在 1% 的显著性水平上显著，且系数 C_1、C_2、C_3 都大于 0，说明人才流动、信息技术以及教育发展与企业是否选择"外包"具有显著的正相关关系。随着人才流动速度的加快、规模的扩大；信息技术的发展以及教育的日益发展，选择"外包"活动的企业所占的比重越来越大。从模型 4 可以知道，把"人才流动 PAF"和"信息技术 ICT"一起进入模型中进行回归，它们的系数仍大于 0，且仍具有在 1% 的程度上显著。但从模型 5 中可以发现，当把"教育发展 EDD"引入模型进行回归时，虽然 PAF 及 ICT 的系数为正，且在 1% 的显著性水平上显著；EDD 也在 1% 的显著性水平上显著，它的系数符号却为"负"。这说明各个自变量间的共线性问题产生影响了。在把控制变量加进模型进行回归分析时仍存在同样的问题。

当把各个控制变量引入模型进行回归分析，并没有改变各个自变量的显著性，"人才流动 PAF"在 10% 的显著性水平上显著，$C_1 = 0.0055 > 0$，PAF 与 OUS 存在显著的正相关关系，说明人才流动越频繁、规模越大，知识转移的速度越快、数量越大，选择外包业务的企业所占的比重会越来越大。"信息技术 ICT"在1%的显著性水平上显著，$C_2 = 0.0498 > 0$，说明 ICT 的发展极大地促进了知识的转移，促使企业更多地选择外包行为。而"教育发展 EDD"的系数 $C_3 = -0.1111$，在1%的显著性水平上显著，这与模型5的结果相似。单纯看这个回归结果，可能会认为教育的发展与企业外包行为会存在显著的负相关关系。但我们通过对"教育发展 EDD"单独回归发现，它与 OUS 在1%的显著性水平上显著，且 $C_3 = 0.0292 > 0$，说明它与 OUS 还是存在显著的正相关关系。至于为什么会造成在一起进行回归时 EDD 的系数 $C_3 = -0.1111 < 0$，这主要是由于 EDD 与其他变量间存在明显的相关性，有共线性问题。通过表6-2可以发现，"教育发展 EDD"与"信息技术 ICT"的相关系数超过了0.6，达到了0.6380，与控制变量"显性知识 EXK"的相关系数则高达0.9055，与"市场化程度 MAD"及"市场规模 MAS"的相关系数也超过了0.5。它与这些变量间的相关性，对它的作用产生了影响，导致它的系数为负。

从对各个控制变量的观察来看，可以发现"显性知识 EXK"与企业外包程度具有在1%显著性水平上的显著正相关关系。"显性知识 EXK"的系数 $C_4 = 0.0564$，说明随着显性化程度高的知识的增加，知识的显性化为知识的转移提供了基本的条件，有利于知识的转移，被转移的知识越来越多，企业的外包行为越来越多。德姆塞茨等学者认为，知识由于具有隐性特性，转移困难，因此涉及知识的转移时一般都会纳入企业内部生产。本书通过实证发现，显性化的知识同样会促进企业的外包行为，对他们的观点做了进一步的发展。MAD 值说明政府对市场的干预程度，它的值越大，说明政府对市场的干预程度越大。"市场化程度 MAD"的系数 $C_5 = -0.0533$，它在1%的显著性水平上具有显著性，因此随着 MAD 值的提高，选择外包业务的企业所占的比重越小，这也对本书的理论分析予以了证实。从本书的实证结果来看，"市场规模 MAS"的影响并不明显，理论分析的观点并没有得到证实。这受到"市场规模 MAS"可能存在的双重作用的影响。一方面，我们的理论分析认为，市场规模的扩大有利于企业的专业化生产活动，从而促进企业外包活动；但从另一方面，随着市场规模的扩大，企业的经济规模也越来越大，促进了企业规模的扩大，从而在某种程度上促进企业的一体化行为。究竟 MAS 的影响作用如何，必须通过另一项实证研究证明。

从本章的实证结果来看，基本印证了前面分析的观点，进一步验证了各机制与企业边界变化间的关系。同时可以发现，三种机制的综合作用大大提高了模型的拟合程度，解释力得到加强。这也说明了应从多方面来综合理解企业知识的转移以及边界的变化。

第*8*章

结　　论

通过理论和实证的分析，得出以下主要结论，一是知识属性等因素只是影响企业边界选择的前提因素。知识属性对知识转移具有很大的影响，知识显性化程度的提高有利于知识的转移，从而促使企业更多地选择外包行为。同时，知识源的特性、接收方的特性以及情景因素等也对知识转移和企业边界变化产生影响。二是人才的流动、信息技术的发展以及教育培训的发展为知识的大规模转移提供了现实条件，促进了知识的转移，从而促使企业选择外包行为。各种影响因素的作用只是为知识的转移提供了可能性，但知识不一定就能大规模地实现转移。随着人才的流动、信息技术的发展以及教育培训的发展，知识在区域范围内实现了更大规模的流动、转移，从而促进了企业外包行为。正是由于人才缺乏流动，信息技术不发达以及教育培训相对落后等知识转移大规模传播途径，才使得20世纪70、80年代以前企业的纵向一体化程度较强。三是本书通过理论分析和实证研究，验证了人才流动、信息技术发展以及教育培训发展对企业外包活动的促进作用。

本书的创新点主要有，一是本书从时间纵向维度动态地分析了企业边界的变化。现有对企业边界的研究成果，如威廉姆森、德姆塞茨、廉纳和普拉哈拉德（Conner and Prahalad）等人都是一个静态或相对静态的研究，并没有研究企业边界为什么会在时间纵向维度上发生变化。本书基于现有的相关研究成果，弥补了现有研究的缺陷。二是更深入地阐述了知识属性对知识转移以及企业边界变化的影响。现有的一些学者分析了知识转移对企业边界变化的影响。但在他们的分析中，认为知识由于具有隐性特性，很难实现转移，所以当上下游产品的生产涉及对方的知识时企业一般会选择一体化生产。然而，知识并不只具有隐性特性，很大一部分知识显性化程度也很高，转移并不是想象中那么困难，因此知识转移对企业边界变化的影响也不相同。本书在分析隐性知识与显性知识关系的基础上，阐述了知识属性，特别是隐性知识对知识转移的影响。三是本书利用微观数据检验了教育培训发展对企业边界变化的影响，认为随着企业知识水平的提高，企业更多地把资源集中于自身有优势的、附加价值高的核心业务，而外包其他附加价值低的环节，验证了理论分析的结果。四是本书分析了三种机制对知识转移及企业边界变化的综合性影响，由于它们的共同作用，知识能够更加迅速地实现大规模转移，从而促进企业边界的缩小。

在本书的分析过程中，虽然就知识转移对企业边界变化的影响进行了进一步的拓展，但还有一些不足，有一些问题还需将来进一步研究，一是企业边界的决定受到多方面因素的影响，其中最主要是不同企业间生产成本和交易成本的比较。本书强调企业竞争优势对企业边界变化的影响，主要从生产成本的角度研究企业边界的变化，对交易成本相对考虑不足。这与本书研究的主题也有关，即本书是从时间纵向角度研究企业边界的变化，因此交易费用可能不是一个很重要的因素。但如何把生产费用和交易费用融合进一个完整的框架却是企业理论发展的一个方向（Jacobides，2006；Jacobides and Hitt，2005；et al.）。二是实证的指标、数据可能要进一步完善。企业边界的度量一直是一个难题，从现有衡量企业纵向一体化程度的替代变量来看，都存在各种问题。目前学者们认为用投入产出法对企业纵向一体化程度进行度量相对较好，但也有很多的批评。本书的研究也受限于数据的制约；如何获得企业微观层面上的一个大样本、长时间维度的数据也是将来研究所要解决的问题，例如，在将来的研究中，通过调查某些行业的企业获得所需的全部微观数据分析各种机制的综合性作用，同时分析行业因素的影响等。针对这些存在的问题，只能在将来的研究中作进一步的分析。

参 考 文 献

[1] 北京师范大学经济与资源管理经济所.2003 中国市场经济发展报告 [M].中国对外经济贸易出版社,2003.

[2] 蔡增正.教育对经济增长贡献的计量分析——科教兴国战略的实证依据 [J].经济研究,1999 (2).

[3] 常荔,邹珊刚,李顺才.基于知识链的知识扩散的影响因素研究 [J].科研管理,2001 (9).

[4] 崔浩,张道武,陈晓剑.组织知识创新机制扩展研究 [J].科学学研究,2005 (1).

[5] 德鲁克,张星岩译,后资本主义社会 [M].上海译文出版社,1998.

[6] 樊纲,王小鲁,张立文.中国各地区市场化进程——2000 年报告 [J].国家行政学院学报,2001 (3).

[7] 樊纲,王小鲁,张立文,朱恒鹏.中国各地区市场化相对进程报告 [J].经济研究,2003 (3).

[8] 樊治平,李慎杰.知识创造与知识创新的内涵及相互关系 [J].东北大学学报（社会科学版）,2006 (2).

[9] 范红忠.市场规模、地区投资吸引力与地区经济差异的逻辑解释及实证 [J].财经研究,2004 (11).

[10] 范阳.基于能力的企业边界研究 [D].复旦大学学位论文,2003.

[11] 方晋. 交易效率、市场规模与贸易发展——新兴古典贸易理论的一个实证检验 [J]. 数量经济技术经济研究，2004 (9).

[12] 冯丹龙. 企业组织资本增长机制研究 [D]. 大连理工大学学位论文，2006.

[13] 顾海兵. 中国经济市场化程度的最新估计与预测 [J]. 管理世界，1997 (2).

[14] 关涛. 跨国公司内部知识转移过程与影响因素的实证研究 [D]. 复旦大学学位论文，2005.

[15] 侯广辉. 技术进步、不确定性与企业边界的演进 [D]. 中山大学学位论文，2006.

[16] 雷巧玲，赵更申，段兴民. 对知识型员工授权赋能的动因探析 [J]. 科学学与科学技术管理，2006 (6).

[17] 李海舰，聂辉华. 企业竞争优势的来源及其选择战略 [J]. 中国工业经济，2002 (9).

[18] 李建国. 人才资源流动方式与规律性探析，2005 (8).

[19] 李雷鸣，陈俊芳. 理解企业外包决策的一个概念框架 [J]. 中国工业经济，2004 (4).

[20] 林丹明，叶会，解维敏，曾楚宏. 信息技术应用对企业纵向边界的影响 [J]. 中国工业经济，2006 (1).

[21] 林勇. 我国教育与经济增长协调发展关系及实证分析 [J]. 教育发展研究，2003 (6).

[22] 刘东. 企业边界的多种变化及其原因 [J]. 中国工业经济，2005 (3).

[23] 刘元春，朱戎. 中国工业制度体系变迁、市场结构与工业经济增长——计量与实证研究 [J]. 经济学动态，2003 (4).

[24] 陆根尧，朱省娥. 中国教育对经济增长影响的研究 [J]. 数量经济技术经济研究，2004 (1).

[25] 路风. 动态企业理论的发展 [J]. 国际经济评论, 2000 (5).

[26] 马克斯 H. 博伊索特著, 张群群, 陈北译. 知识资产——在信息经济中赢得竞争优势 [M]. 上海人民出版社, 2005.

[27] 迈克尔·波特. 竞争优势 [M]. 华夏出版社, 1997.

[28] 孟庆伟, 樊波. 技术创新中基于知识流动的人才柔性流动 [J]. 自然辩证法研究, 2006 (12).

[29] 任志安. 知识交易成本与企业网络的组织性质 [J]. 经济问题, 2004 (12).

[30] 史密斯·伊兰伯格. 现代劳动经济学——理论与公共政策 [M]. 中国人民大学出版社, 1999.

[31] 疏礼兵. 团队内部知识转移的过程机制与影响因素研究 [D]. 浙江大学学位论文, 2006.

[32] 斯考特 E. 玛斯顿. 交易成本经济学的实证研究: 挑战进展和发展方向, 载: 约翰克劳奈维根编, 交易成本经济学及其超越 [M]. 上海财经大学出版社, 2002.

[33] 斯考特 E. 玛斯顿. 契约和组织案例研究 [M]. 中国人民大学出版社, 2005.

[34] 苏方国, 赵曙明. 论知识与战略决策权的有效配置 [J]. 当代财经, 2005 (8).

[35] 田振清, 尹冰心. 论信息技术对 21 世纪教育观念的影响 [J]. 内蒙古师大学报 (哲学社会科学版), 2000 (2).

[36] 王珺, 侯广辉. 有限外部化: 技术进步对企业边界的影响 [J]. 中国工业经济, 2005 (10).

[37] 王珺. 论转轨时期国有企业经理行为与治理途径 [J]. 经济研究, 1998 (9).

[38] 王开明, 万君康. 论知识的转移与扩散 [J]. 外国经济与管理, 2000 (10).

[39] 王黎莹，丁卫明，马万里. 高新技术企业知识型员工流动的实证研究和对策分析 [J]. 科技管理研究，2004 (4).

[40] 小艾尔弗雷德·钱德勒. 规模经济和范围经济 [M]. 中国社会科学出版社，1999.

[41] 小艾尔弗雷德·钱德勒. 看得见的手——美国企业的管理革命 [M]. 商务印书馆，1987.

[42] 许强，郑胜华. 母子公司的知识转移关系和管理权分配 [J]. 科技进步与对策，2005 (4).

[43] 杨德群，杨朝军. 知识创造螺旋机理：认识论—本体论的观点 [J]. 情报科学，2004 (11).

[44] 杨瑞龙，冯健. 企业间网络的效率边界：经济组织逻辑的重新审视 [J]. 中国工业经济，2003 (11).

[45] 杨瑞龙，刘刚，李省龙. 产业组织能力与企业竞争优势 [J]. 教育与研究，2001 (4).

[46] 野中郁次郎和竹内弘高. 企业知识创新的动态理论. 载：阿尔弗雷德 D. 钱德勒，彼得·哈格斯特龙，厄尔杨·瑟尔韦编. 透视动态企业 [M]. 机械工业出版社.

[47] 尹义省. 适度多角化——企业成长与业务重组 [M]. 生活. 读书. 新知三联书店，1999.

[48] 于鹏，曲明军. 跨国公司内部知识转移机制研究 [J]. 山东社会科学，2006 (3).

[49] 曾楚宏，林丹明. 论企业边界的两重性 [J]. 中国工业经济，2005 (10).

[50] 曾楚宏，林丹明. 信息技术、交易成本与激励：论经济组织形式的中间化 [J]. 中国工业经济，2006 (6).

[51] 郑丽琳. 教育投资对经济增长影响的区域差异 [J]. 重庆工商大学学报（西部论坛），2006 (2).

［52］周波，高汝熹. 知识转移的经济分析［J］. 科学学与科学技术管理，2006（5）.

［53］周其仁. 市场里的企业：一个人力资本与非人力资本的特别合约［J］. 经济研究，1996（6）.

［54］周勤. 纵向一体化趋势和市场竞争力关系研究［J］. 中国工业经济，2003（7）.

［55］Adelman, M. A. （1955）. "The Concept and Statistical Measurement of Vertical Integration", in, G. J. Stigler （eds.）, Business Concentration and Price Policy, Princeton University Press.

［56］Afuah, Allan （2001）. "Dynamic Boundaries of the Firm: Are Firms Better Off Being Vertically Integrated in the Face of a Technological Change?" Academy of Management Journal, 44（6）: 1211 – 1228.

［57］Afuah, Allan （2003）. "Redefining Firm Boundaries in the Face of the Internet". The Academy of Management Review. 28（1）: 34 – 53.

［58］Aghion, P. and P. Bolton （1987）. "Contracts as a Barrier to Entry". American Economic Review, 77: 388 – 401.

［59］Alavi, Maryam and Dorothy E. Leidner （2001）. "Review: Knowledge Management and Knowledge Management System: Conceptual Foundations and Research Issues". MIS Quarterly, 25（1）: 107 – 136.

［60］Albino, V., A. C. Garavelli and G. Schiuma （1999）. "Knowledge transfer and inter-firm relationships in industrial districts: the role of the leader firm". Technovation, 19（1）: 53 – 63.

［61］Alchian, Armen A. and Harold Demsetz （1972）. "Production, Information Costs, and Economic Organiza-tion". American Economic Review, 62: 772 – 795.

［62］Almeida, P. and B. Kogut （1999）. "Localization of Knowledge and the Mobility of Engineers in Regional Networks". Management Science, 45:

905 – 917.

[63] Almedia, P and R. M. Grant (1998). "International Corporations and Cross-Border Knowledge Transfer in the Semiconductor Industry". A Report to the Carnegie-Bosch Institute.

[64] Anand, V. , C. C. Manz and W. H. Glick (1998). "An Organizational Memory Approach to Information Management". Academy of Management Review, 23 (4): 796 – 809.

[65] Anderson, J. R (1983). "The Architecture of Cognition". Cambridge, MA: Harvard University Press.

[66] Andolsen, A. A. (1999). "Managing Digital Information: The Emerging Technologies". Records Management Quarterly, 33 (2): 8 – 15.

[67] Appleyard, M. (1996). "How does Knowledge Flow? Interfirm patterns in the semiconductor industry". Strategic management journal, 17: 137 – 154.

[68] Argote, Linda and Paul Ingram (2000). "Knowledge Transfer: A Basis for Competitive Advantage in Firms". Organ. Behavior Human Decision Processes, 82: 150 – 169.

[69] Argyres, N. (1996). "Evidence on the Role of Firm Capabilities in Vertical Integration Decisions". Strategic Management Journal, 17: 129 – 150.

[70] Argyres, N. and Julia Porter Liebeskind (1999). "Contractual Commitments, Bargaining Power, and Governance Inseparability: Incorporating History into Transaction Cost Theory". Academy of Management Review, 24 (1): 49 – 63.

[71] Arrow, Kenneth J. (1962). "Economic welfare and the allocation of resources for invention". in R. R. Nelson, eds, "The Rate and Direction of Inventive Activity: Economic and Social Factors". Vol. 13, NBER Special Con-

ference Series.

[72] Arrow, K. J. (1975). "Vertical Integration and Communication". Bell Journal of Economics, 173 – 183.

[73] Balakrishnan, S. and B. Wernerfelt (1986). "Technical Change, Competition and Vertical Integration". Strategic Management Journal, 7 (4): 347 – 359.

[74] Balconi, Margherita (2002). "Tacitness, Codification of Technological Knowledge and the Organization of Iindustry". Research Policy, 31: 357 – 379.

[75] Barney, J. B. (1986). "Strategic Factor Markets: Expectations, Luck, and Business Strategy". Management Science, 32 (10): 1231 – 1241.

[76] Barney, J. B. (1991). "Firm Resource and Sustained Competitive Advantage". Journal of Management, 17 (1): 99 – 120.

[77] Barzel, Y. (1977). "An Economic Analysis of Slavery". Journal of Law and Economics, 20 (1): 87 – 110.

[78] Berends, J. J., K. Debackere, R. Garud, M. C. D. P. Weggeman (2004). "Knowledge Integration by Thinking Along". ECIS, Working Paper 05.

[79] Boeker, W. (1997). "Executive Migration and Strategic Change: The Effect of Top Manager Movement on Product-Market Entry". Administrative Science Quarterly, 42: 213 – 236.

[80] Blackler, F. (1995). "Knowledge, Knowledge Work and Organizations: An Overview and Interpretation". Organization Studies, 16 (6): 1021 – 1046.

[81] Breschi S, Malerba F, Orsenigo L. (2000). "Technological Regimes and Schumpeterian Patterns of Innovation". The Economic Journal, 110

（463）：388－410.

[82] Brown, John Seely and Paul Duguid （2001）. "Knowledge and Organization: A Social-Practice Perspective". Organization Science, 12 （2）: 198－213.

[83] Brusoni, S. , A. Prencipe, K. Pavitt （2001）. "Knowledge Specialization, Organizational Coupling, and the Boundaries of the Firm: Why do Firms Know More than They Make?". Administrative Science Quarterly, 46: 597－621.

[84] Brynjolfsson, E. , T. W. Malone, V. Gurbaxani, A. Kambil （1994）. "Does Information Technology Lead to Smaller Firms?". Management Science, 40 （12）: 1628－1644.

[85] Buckley P, Casson M （1976）. "The Future of Multinational Enterprise". London: Macmillan.

[86] Carlton, D. （1979）. "Vertical Integration in Competitive Markets under Uncertainty". Journal of Industrial Economics, 27: 189－209.

[87] Casadesus-Masanell, R. and D. F. Spulber （2000）. "The Fable of Fisher Body". Journal of Law and Economics, 1: 67－104.

[88] Chandler, A. （1964）. "Strategy and Structure: Chapters in the History of American Industrial Experience". Cambridge, MA: MIT Press.

[89] Christensen, Clayton M. , Matt Verlinden and George Westerman （2002）. "Disruption, Disintegration and the Dissipation of Differentiability". Industrial and Corporate Change, 11 （5）: 955－993.

[90] Coase, R. （1937）. "The Nature of the Firm". Economica, 4: 386－405.

[91] Coase, R. （1988）. "The Nature of the Firm: Meaning". Journal of Law, Economics and Organization, 4: 19－32.

[92] Cohen, Wesley M. and Daniel A. Levinthal （1990）. "Absorptive

Capacity: A New Perspective on Learning and Innovation". Administrative Science Quarterly, 35 (1): 128 – 152.

[93] Coff, R. W. (1997). "Human Assets and Management Dilemmas: Coping with Hazards on the Road to Resource-Based Theory". Academy of Management Review, 22: 374 – 402.

[94] Coles J. W. , Hesterly W. S. (1998). "Transaction Costs, Quality, and Economies of Scale: Examining Contracting Choices in the Hospital Industry". Journal of Corporate Finance, 4: 321 – 345.

[95] Collins, H. M. (1993). "The Structure of Knowledge". Social Research, 60 (1): 95 – 116.

[96] Combs James G. and David J. Ketchen, JR. (1999). "Explaining Interfirm Cooperation and Performance: Toward a Reconciliation of Predictions from the Resource-Based View and Organizational Economics". Strategic Management Journal, 20: 867 – 888.

[97] Conner, K. (1991). "A Historical Comparison of Resource-Based Theory and Five Schools of Thought Within Industrial Organization Economics: Do We Have a New Theory of the firm?". Journal of Management, 17: 121 – 154.

[98] Conner, Kathleen R. , C. K. Prahalad (1996). "A Resource-Based Theory of the Firm: Knowledge vs Opportunism", Organization Science, 7 (5): 477 – 501.

[99] Coombs, R. and S. Metcalfe (2000). "Organizing for Innovation: Coordinating Distributed Innovation Capabilities" in M. Foss and V. Mahnke (eds.), Competence, Governance, and Entrepreneurship, Oxford University Press.

[100] Cowan, Robin, Paul A. David and Dominique Foray (2000). "The Explicit Economics of Knowledge Codification and Tacitness". Industrial

and Corporate Change, 9: 211 - 253.

[101] Cummings, J. L. and B. Teng (2003). "Transferring R&D Knowledge: The Key Factors Affecting Knowledge Transfer Success". Journal of Engineering and Technology Management, 20: 39 - 68.

[102] Cyert, R. M. & March, J. G. (1963). "A Behavioral Theory of the Firm", Englewood Cliffs, NJ: Prentice-Hall.

[103] Davenport, T. H. and L. Prusak (1998). "Working Knowledge: How Organizations Manage What They Know". Harvard Business School Press, Boston.

[104] David, P. and D. Foray (1995). "Accessing and expanding the science and technology knowledge base". STI Review. OECD, Paris.

[105] Davies, S. W. and C. Morris (1995). "A New Index of Vertical Integration: Some Estimates For UK Manufacturing". International Journal of Industrial Organization, 13 (2): 151 - 177.

[106] Demsetz, H. (1988). "The theory of the firm revisited". Journal of Law, Economics, and Organization, 4: 141 - 161.

[107] Demsetz, H. (1991). "The Theory of the Firm Revisited", in O. Williamson and S. Winter (eds.), The Nature of the Firm: Origins, Evolution and Development, Oxford: Oxford University Press.

[108] Dess, G. G., A. Rasheed, K. McLaughlin and R. Priem (1995). "The new corporate architecture". Academy of Management Executive, 9 (3): 7 - 20.

[109] Dewan, S., S. C. Michael, C - k. Min (1998). "Firm Characteristics and Investments in Information Technology: Scale and Scope Effects". Information Systems Research, 9 (3): 219 - 232.

[110] Dewett T. and G. R. Jones (2001). "The Role of Information Technology in the Organization: A Review Model and Assessment". Journal of Man-

agement, 27: 313 – 346.

[111] Dixon, N. (2000). "Common Knowledge: How Companies Thrive by Sharing What They Know". Harvard Business School Press.

[112] Dosi, Giovanni (1984). "Technical Change and Industrial Transformation". New York: St. Martin's Press.

[113] Dosi, Giovanni (2000). "Innovation, Organization, and Economic Dynamics: Selected Essays". Cheltenham: Edward Elgar.

[114] Dyer, Jeffrey H. (1996). "Does Governance Matter? Keiretsu Alliances and Asset Specificity as Sources of Japanese Competitive Advantage". Organization Science, 7 (6): 649 – 666.

[115] Dyer, Jeffrey H. and Nile W. Hatch (2006). "Relation-Specific Capabilities and Barriers to Knowledge Transfers: Creating Advantage through Relationships". Strategic Management Journal, 27: 701 – 719.

[116] Edmondson, A. C. (2002). "The Local and Variegated Nature of Learning in Organizations". Organization Science, 13 (2): 128 – 146.

[117] Edmondson, Amy C. , Ann B. Winslow, Richard M. J. Bohmer and Gary P. Pisano (2003). "Learning How and Learning What: Effects of Tacit and Codified Knowledge on Performance Improvement Following Technology Adoption". Working Paper.

[118] Elberfeld, W. (2002). "Market Size and Vertical Integration: Stigler's Hypothesis Reconsidered". Journal of Industrial Economics, 50: 23 – 43.

[119] Ernst, Dieter (2000). "Inter-Organizational Knowledge Outsourcing: What Permits Small Taiwanese Firms to Compete in the Computer Industry?". Asia Pacific Journal of Management, 17: 223 – 255.

[120] Fallick, Bruce, C. Fleischman, and James H. Rebitzer (2005). "Job-Hopping in Silicon Valley: The Micro – Foundations of a High Technology

cluster". FEDS Working Paper.

[121] Fan, Joseph P. H. (2000). "Price Uncertainty and Vertical Integration: An Examination of Petrochemical Firms". Journal of Corporate Finance, 6: 345 – 376.

[122] Feenstra, R. (1998). "Integration of Trade and Disintegration of Production in the Global Economy". Journal of Economic Perspectives, 12 (4): 31 – 50.

[123] Feldman, M. S. (1987). "Electronic Mail and Weak Ties in Organizations". Office, Technology and People, 3: 83 – 101.

[124] Felin, Teppo and Nicolai J. Foss (2004). "Methodological Individualism and the Organizational Capabilities Approach". CKG Working Paper, 5.

[125] Foss, Kirsten and Nicolai Foss (1998). "The Knowledge-Based Approach: An Organizational Economics Perspective". Working Paper, 5.

[126] Foss, N. J (1999). "The Use of Knowledge in firm". Journal of Institutional and Theoretical Economics, 155 (3): 458 – 486.

[127] Foss, Nicolai J. (2005). "The Knowledge Governance Approach". SMG Working Paper, 1.

[128] Foss, Nicolai J. and Peter G. Klein (2005). "The Theory of the Firm and Its Critics: A Stocktaking and Assessment". CORI Working Paper, 3.

[129] Furubotn, Eirik (2001). "The New Institutional Economics and the Theory of the Firm". Journal of Economic Behavior and Organization, 45: 133 – 153.

[130] Furubotn, Eirik (2002). "Entrepreneurship, Transaction-Cost Economics, and the Design of Contracts", in Eric Brousseau and Jean-Michel Glachant (eds.), The Economics of Contracts, Cambridge: Cambridge University Press.

［131］ Gavetti, Giovanni （2005）. "Cognition and Hierarchy: Rethinking the Microfoundations of Capabilities' Development". Organization Science, 16 （6）: 599 – 617.

［132］ Ghoshal, S. , and P. Moran （1996）. "Bad For Practice: A Critique Of The Transaction Cost Theory". Academy of Management Review, 21 （1）: 13 – 47.

［133］ Gorga, Érica and Michael Halberstam （2006）. "Knowledge Resources and Their Implications for the Theory of the Firm and Corporate Governance". working paper.

［134］ Gort, M. （1962）. "Diversification and Integration in American Industry". Princeton University Press.

［135］ Graebner, M. （2004）. "Momentum and serendipity: How acquired leaders create value in the integration of high-tech firms". Strategic Management Journal, 25: 751 – 777.

［136］ Grant, Robert M. （1996）. "Toward a Knowledge-Based Theory of the Firm". Strategic Management Journal, 17 （Winter Special Issue）: 109 – 122.

［137］ Grimaldi, Rosa and Salvotare Torrisi （2001）. "Codified-Tacit and General-Specific Knowledge in the Division of Labour Among Firms: A Study of the Software Industry". working paper, Liuc Papers, NO. 85.

［138］ Gulati, R. , Paul R. Lawrence and Phanish Puranam （2005）. "Adaptation in Vertical Relationships: Beyond Incentive Conflict". Strategic Management Journal, 26: 415 – 440.

［139］ Gupta A. K. and V. Govindarajan （2000）. "Knowledge Flow Within Multinational Corporation." Strategic Management Journal, 21: 473 – 496.

［140］ Gurbaxani V. and S. Whang （1991）. "The Impact of Information

Systems on Organizations and Markets". Communications of the ACM, 34 (1): 59 – 73.

[141] Halawi, Leila A., Jay E. Aronson and Richard V. McCarthy (2005). "Resource-Based View of Knowledge Management for Competitive Advantage". The Electronic Journal of Knowledge Management, 3 (2): 75 –86.

[142] Hansen, M. T. (1999). "The Search-Transfer Problem: The Role of Weak Ties in Sharing Knowledge across Organization Subunits". Administrative Science Quarterly, 44 (1): 82 –111.

[143] Harem, T., G. V. Krogh and J. Roos (1996). "Knowledge-Based Strategic Change, Managing Knowledge: Perspectives on Cooperation and Competition". London: SAGE Publications, 116 – 136.

[144] Harrigan, K. R. (1985). "Vertical Integration and Corporate Strategy". Academy of Management Journal, 28 (2): 397 –425.

[145] Hart, Oliver (1990). "Is 'Bounded Rationality' an Important Element of a Theory of Institutions?". Journal of Institutional and Theoretical Economics, 146: 696 –702.

[146] Hart, Oliver (1995). "Firms, Contracts, and Financial Structure". Oxford: Oxford University Press.

[147] Haunschild, P. R. and A. S. Miner (1997). "Modes of Inter Organizational Imitation: The Effects of Outcome salience and uncertainty". Administrative Science Quarterly, 42 (3): 472 –500.

[148] Hay, D. and D. J. Morris (1991). "Industrial Economics and Organization". Oxford University Press.

[149] Hedlund, G. (1994). "A Model of Knowledge Management and the N-form Corporation". Strategic Management Journal, 15: 73 – 90.

[150] Helfat, C. E. (1997). "Know-how and Asset Complementarity and Dynamic Capability Accumulation: The Case of R&D". Strategic Management Jour-

nal, 18 (5): 339 – 360.

[151] Helfat, C. E. and M. B. Lieberman (2002). "The Birth of Capabilities: Market Entry and the Importance of Pre-History". Industrial and Corporate Change, 11: 725 – 760.

[152] Henderson, J. C. and N. Venkatraman (1994). "Strategic Alignment: A Model for Organizational Transformation via Information Technology". In T. J. Allen and M. S. Scott Morton (Eds.), Information technology and the corporation of the 1990s. New York: Oxford University Press.

[153] Hidding G. and M. C. Shireen (1998). "Anatomy of a Learning Organization: Turning Knowledge into Capital at Andersen Consulting". Knowledge and Process Management, 5 (1): 3 – 13.

[154] Hitt, L. M. (1999). "Information Technology and Firm Boundaries: Evidence from Panel Data". Information Systems Research, 10 (2): 134 – 149.

[155] Hodgson Geoffrey M. (1998). "Competence and Contract in the Theory of the Firm". Journal of Economic Behavior & Organization, 35: 179 – 201.

[156] Holmstrom, B. and J. Tirole (1989). "The Theory of the Firm", in R. Schmalensee and R. D. Willig (Eds.), Handbook of Industrial Organization, Volume 1, Amsterdam: North Holland, 61 – 133.

[157] Holmstrom, B. and J. Roberts (1998). "The Boundaries of the Firm Revisited". Journal of Economic Perspective, 12 (4): 73 – 94.

[158] Hsieh, C., Jack A. Nickerson, Todd R. Zenger (2004). "Problem Solving and the Entrepreneurial Theory of the Firm".

[159] Huber, G. P. (1990). "A theory of the Effects of Advanced Information Technologies on Organizational Design, Intelligence, and Decision Making". Academy of Management Review, 15 (1): 47 – 71.

［160］Huber, G. P. (1991). "Organizational Learning: The Contributing Processes and the Literatures". Organization Science, 2 (1): 88 – 115.

［161］Inkpen. A. C. (1996). "Creating Knowledge through Collaboration". California Management Review, 39 (1): 123 – 140.

［162］Jacobides, Michael G. (2005). "Industry Change through Vertical Disintegration: How and Why Markets Emerged in Mortgage Banking". Academy of Management Journal, 48 (3): 465 – 498.

［163］Jacobides, Michael G. (2006). "How Capability Differences, Scale, Learning Curves and Transaction Costs Interact to Shape Vertical Scope". AIM Research Working Paper Series.

［164］Jacobides, Michael G. and Lorinm Hitt (2005). "Losing Sight of the Forest for the Trees? Productive Capabilities and Gains from Trade as Drivers of Vertical Scope". Strategic Management Journal, 26: 1209 – 1227.

［165］Jacobides, Michael G. and Sidney G. Winter (2005). "The Co-Evolution of Capabilities and Transaction Costs: Explaining the Institutional Structure of Production". Strategic Management Journal, 26: 395 – 413.

［166］Jensen, M. C. (1993). "The Modern Industrial Revolution, Exit, and the Failure of Internal Control Systems". Journal of Finance, 48: 831 – 880.

［167］Jensen, M. C. and William H. Meckling (1995). "Specific and General Knowledge, and Organizational Structure". Journal of Applied Corporate Finance, 8 (2): 4 – 18.

［168］Jensen R. and G. Szulanski (2004). "Stickiness and the Adaptation of Organizational Practices in Cross-Border Knowledge Transfer". Journal of International Business Studies. 35: 508 – 523.

［169］Joskow, Paul L. (1985). "Vertical Integration and Long Term Contracts: The Case of Coal-burning Electric Generating Stations". Journal of

Law, Economics and Organization, 1: 33 – 80.

[170] Joskow, Paul L. (1987). "Contract Duration and Relationship Specific Investments". American Economic Review, 77: 168 – 175.

[171] Joskow, Paul L. (2005). "Vertical Integration". In Claude Menard and Mary M. Shirley (eds), Handbook of New Institutional Economics, Springer.

[172] Klein, B. , R. Crawford and A. Alchian (1978), "Vertical Integration, Appropriable Rents and the Competitive Contracting Process". Journal of Law and Economics, 21: 297 – 326.

[173] Klein, Benjamin (1988). "Vertical Integration as Organized Ownership: The Fisher Body-General Motors Relationship Revisited". Journal of Law, Economics and Organization, 4: 199 – 213.

[174] Kogut, B. and U. Zander (2003). "Knowledge of the Firm and the Evolutionary Theory of the Multinational Corporation". Journal of International Business Studies, 34: 516 – 529.

[175] Kogut, Bruce and Udo Zander (1992). "Knowledge of the Firm, Combinative Capabilities, and the Replication of Technology". Organization Science, 3 (3): 383 – 397.

[176] Kogut, Bruce and Udo Zander (1996). "What Firms Do? Coordination, Identity, and Learning". Organization Science, 7 (5): 502 – 518.

[177] Lacity, Mary, C. and Leslie P. Willcocks (1995). "Interpreting Information Technology Sourcing Decisions from a Transaction Cost Perspective: Findings and Critique". Accounting, Management and Information Technologies, 5 (3): 203 – 244.

[178] Lamoreaux, N. R. , D. Raff and P. Temin (2002). "Beyond Markets and Hierarchies: Toward a New Synthesis of American Business History". NBER

Working Paper, No. 9029.

[179] Langlois, Richard N. (1992), "Transaction Cost Economics in Real Time". Industrial and Corporate Change, 1: 99 – 127.

[180] Langlois, R. N. (2003). "The Vanishing Hand: The Changing Dynamics of Industrial Capitalism". Industrial and Corporate Change, 12 (2): 351 – 385.

[181] Langlois, R. N and P. L. Robertson (1989). "Explaining Vertical Integration: Lessons from the American Automobile Industry". The Journal of Economic History, 49 (2): 361 – 375.

[182] Lee, Hyun-Soo and Yung-Ho Suh (2003). " Knowledge Conversion with Information Technology of Korean Companies". Business Process Management Journal, 9 (3): 317 – 336.

[183] Leiblein, Michael J. , Jeffrey J. Reuer and Frèdè Ric Dalsace (2002), "Do Make or Buy Decisions Matter? The Influence of Organizational Governance on Technological Performance", Strategic Management Journal, 23: 817 – 833.

[184] Leiblein, M. J. and D. J. Miller (2003). "An empirical examination of transaction-and firm-level influences on the vertical boundaries of the firm". Strategic Management Journal, 24 (9): 839 – 859.

[185] Leidner, D. E. , and J. J. Elam (1995). "The Impact of Executive Information Systems on Organizational Design, Intelligence, and Decision Making". Organization Science, 6 (6): 645 – 664.

[186] Leonard-Barton, D. (1992), "Core Capabilities and Core Rigidities: A Paradox in Managing New Product Development". Strategic Management Journal, 13: 111 – 125.

[187] Liebeskind, J. P. (1996). "Knowledge, Strategy, and the Theory of the Firm". Strategic Management Journal, 17: 93 – 107.

［188］Lyons, B. (1995). "Specific Investment, Economies of Scale, and the Make-or-Buy Decision: a Test of Transaction Cost Theory". Journal of Economic Behavior and Organization, 26 (3): 431 – 443.

［189］Maddigan, R. J. (1981). "The Measurement of Vertical Integration". The Review of Economics and Statistics, 63 (3): 328 – 335.

［190］Madhok, Anoop (2002). "Reassessing the Fundamentals and Beyond: Ronald Coase, the Transaction Cost and Resource-Based Theories of the Firm and the Institutional Structure of Production". Strategic Management Journal, 23: 535 – 550.

［191］Madhok, A. (1998). "The Nature of Multinational Firm Boundaries: Transaction Costs, Firm Capabilities and Foreign Market Entry Mode". International Business Review 7: 259 – 290.

［192］Madhok, A. (1997). "Cost, Value and Foreign Market Entry Mode: The Transaction and the Firm". Strategic Management Journal, 18: 39 – 61.

［193］Madhok, A. (1996). "The Organization of Economic Activity: Transaction Costs, Firm Capabilities, and the Nature of Governance". Organization Science, 7 (5): 577 – 590.

［194］Malone T. W., J. Yates and R. I. Benjamin (1987). "Electronic markets and electronic hierarchies". Communications of the ACM, 30 (6): 484 – 497.

［195］Mansfield, E., M. Schwartz and S. Wagner (1981). "Imitation Costs and Patents: An Empirical Study". Economic Journal, 91: 907 – 918.

［196］Maria Christina Binz-Scharf (2003). "Exploration and Exploitation: Toward a Theory of Knowledge Sharing in Digital Government Projects". Dissertation Nr. 2828, ADAG Copy AG, Zürich.

［197］Masten, S. E. (1984). "The Organization of Production: Evidence from the Aerospace Industry". Journal of Law, Economics, 27: 403 –

417.

[198] Masten, S. E., J. W. Meehan and E. A. Snyder (1989). "Vertical Integration in the U. S. Auto Industry: A Note on the Influence of Transaction Specific Assets". Journal of Economic Behavior and Organization, 12 (2): 265 – 273.

[199] Masten, S. E., J. W. Meehan and E. A. Snyder (1991). "The Costs of Organization". Journal of Law, Economics, and Organization, 7: 1 – 25.

[200] Mathewson, K. and R. Winter (1986). "The Economics of Vertical Restraints in Distribution", in F. Mathewson and J. Stiglitz (eds.), New Developments in the Analysis of Market Structures. Cambridge, MA: MIT Press.

[201] Mayer, Kyle J., Nicholas S. Argyres (2004). "Learning to Contract: Evidence from the Personal Computer Industry". Organization Science, 15 (4): 394 – 410.

[202] McGtath, R. C. and I. MacMillan (2000). The Entrepreneurial Mindset. Boston: Harvard Business School Press.

[203] Mol, J., P. Pauwels, P. Matthyssens and L. Quintens (2004). "A Technological Contingency Perspective on the Depth and Scope of International Outsourcing". Journal of International Management, 10: 287 – 305.

[204] Monteverde K. and D. Teece (1982). "Supplier Switching Costs and Vertical Integration in the Automobile Industry". Bell Journal of Economics, 13 (1): 206 – 213.

[205] Monteverde K. (1995). "Technical Dialog as an Incentive for Vertical Integration in the Semi-Conductor Industry". Management Science 41: 1624 – 1638.

[206] Monteverde, K. and D. J. Teece (1982). "Supplier Switching Costs

and Vertical Integration in the Automobile Industry". Bell Journal of Economics, 13: 306 – 213.

［207］ Nelson, R. R. (1982). "The Role of Knowledge in R&D Efficiency". Quarterly Journal of Economics, 97 (3): 453 – 470.

［208］ Nelson, R. R. and S. G. Winter (1982). "An Evolutionary Theory of Economic Change". Cambridge, MA: Belknap Press.

［209］ Nickerson, Jack A. , Todd R. Zenger (2004). "A Knowledge-Based Theory of the Firm—The Problem-Solving Perspective". Organization Science, 15 (6): 617 – 632.

［210］ Nielsen, A. P. (2003). "Capturing Knowledge within a Competence". Working Paper, Aalborg University.

［211］ Nonaka, Ikujiro (1991). "The knowledge-creating company". Harvard Business Review, 69 (6): 96 – 104.

［212］ Nonaka, I. (1994). "A Dynamic Theory of Organizational Knowledge Creation". Organization Science, 5 (1): 14 – 37.

［213］ Nonaka, I. and Ryoko Toyama (2005). "The Theory of the Knowledge-Creating Firm: Subjectivity, Objectivity, and Synthesis". Industrial and corporate change, 13 (3): 419 – 436.

［214］ Nonaka, I. , Ryoko Toyama, Akiya Nagata (2000). "A Firm as a Knowledge-Creating Entity: A New Perspective of the Theory of the Firm". Industrial and Corporate Change, 9 (1).

［215］ Nonaka, I. & H. Takeuchi (1995). "The Knowledge-Creating Company: How Japanese Companies Create the Dynamics of Innovation". New York: Oxford University Press.

［216］ Nonaka, I. and Konno, N. (1998). "The concept of 'ba': Building a Foundation for Knowledge Creation". California Management Review, 40 (3): 40 – 54.

[217] Nooteboom, Bart (2001). "Learning and Innovation in Organizations and Economies". Oxford: Oxford University Press.

[218] Patrick, C. and W. E. Steinmueller (2000). "The Codification of Knowledge: A Conceptual and Empirical Exploration". Industrial and Corporate Change, 9 (2): 195 – 209.

[219] Penrose, E. T. (1959). "The Theory of the Growth of the Firm". Oxford: Oxford University Press.

[220] Perry, Martin (1978). "Price Discrimination and Vertical Integration". Bell Journal of Economics, 9: 209 – 217.

[221] Perry, M. (1989). "Vertical Integration: Determinants and Effects". In: Schmalensee, R. and R. D. Willig (Eds). Handbook of Industrial Organization, 1. Elsevier Science Publishers.

[222] Peters, T. (1992). Liberation management. New York: Knopf.

[223] Polanyi, M. (1962). "Personal Knowledge: Towards a Post-Critical Philosophy". New York: Harper Torchbooks.

[224] Polanyi, M. (1966). "The Tacit Dimension". London: Routledge.

[225] Poppo, Laura and Todd Zenger (1998). "Testing Alternative Theories of the Firm: Transaction Cost, Knowledge-Based, and Measurement Explanations for Make-or-Buy Decisions in Information Services". Strategic Management Journal, 19: 853 – 877.

[226] Prahalad, C. K. and G. Hamel (1990). "The Core Competence of the Corporation". Harvard Business Review, 68 (3): 79 – 91.

[227] Quinn, J. B., T. L. Doorley, and P. C. Paquette (1990). "Technology in services: Rethinking strategic focus". Sloan Management Review, 31 (2): 79 – 87.

[228] Ring, P. S., A. H. Van de Ven (1994). "Developmental Proces-

ses of Cooperative Interorganizational Relationships". Academy of Management Review, 19: 90 – 118.

[229] Robertson, T. and H. Gatignon (1998). "Technology Development Mode: A Transaction Cost Conceptualization". Strategic Management Journal, 19 (6): 515 – 531.

[230] Rumelt, R. P. (1982). "Diversification Strategy and Profitability". Strategic Management Journal, 3: 359 – 369.

[231] Ryall, Michael D. and Rachelle C. Sampson (2003). "Do Prior Alliances Influence Contract Structure? Evidence From Technology Alliance Contracts". The Bradley Policy Research Center Working Paper, FR 03 – 11, February 2003.

[232] Ryle, G. (1949). "The Concept of Mind". London: Hutchinson.

[233] Saxenian, Annalee (1994). "Regional Advantage: Culture and Competition in Silicon Valley and Route 128". Harvard University Press.

[234] Santos, Filipe M., Kathleen M. Eisenhardt (2005). "Organizational Boundaries and Theories of Organization". Organization Science, 16 (5): 491 – 508.

[235] Saviotti, Pier Paolo (1998). "On the Dynamics of Appropriability, of Tacit and of Codified Knowledge". Research Policy, 26: 843 – 856.

[236] Schilling, Melissa A. and H. Kevin Steensma (2002). "Disentangling the Theories of Firm Boundaries: A Path Model and Empirical Test". ORGANIZATION SCIENCE, 13 (4): 387 – 401.

[237] Shane, S. and R. Khurana (1999). "Career Experiences and Firm Foundings". Working Paper, Sloan School of Management, Massachusetts Institute of Technology.

[238] Shelanski, Howard A., Peter G. Klein (1995). "Empirical Research in Transaction Cost Economics: A Review and Assessment". Journal of

Law, Economics and Organization, 11 (2): 335 – 361.

[239] Simonin, B. L. (1999). "Transfer of Marketing Know-How in International Strategic Alliances: An Empirical Investigation of the Role and Antecedents of Knowledge Ambiguity". Journal of International Business Studies, 30 (3): 463 – 490.

[240] Song, Jaeyong, Paul Almeida and Geraldine Wu (2003). "Learning-by-Hiring: When Is Mobility More Likely to Facilitate Interfirm Knowledge Transfer?". Management Science. 49 (4): 351 – 365.

[241] Spender, J. – C. (1996). "Making Knowledge the Basis of a Dynamic Theory of the Firm". Strategic Management Journal, 17 (Winter Special Issue): 45 – 62.

[242] Spender, J. – C. (1996). "Organizational Knowledge, Learning and Memory: Three Concepts in Search of a Theory". Journal of Organizational Change Management, 9 (1) 63 – 78.

[243] Spender, J. C. & Grant, R. M. (1996). "Knowledge and the Firm: Overview". Strategic Management Journal, 17 (Winter): 5 – 9.

[244] Stigler, G. (1951). "The Division of Labor is Limited by the Extent of the Market". Journal of Political Economy, 59: 185 – 193.

[245] Stuckley, John (1983). "Vertical Integration and Joint Ventures in the Aluminum Industry". Cambridge, MA: Harvard University Press.

[246] Sveiby, K. E. (1997). "The New Organizational Wealth: Managing and Measuring Knowledge-Based Assets". San Francisco: Berrett-Koehler.

[247] Sveiby, Karl-Erik (2001). "A Knowledge-Based Theory of the Firm to Guide in Strategy Formulation". Journal of Intellectual Capital, 2 (4): 344 – 358.

[248] Szulanski, G. (1996). "Exploring Internal Stickiness: Impediments to the Transfer of Best Practice within the Firm". Strategic Management Journal, Winter

Special Issue, 17: 27 −43.

［249］ Teece, D. J. , G. Pisano and A. Schuen (1990). "Firm Capabilities, Resources and the Concept of Strategy", CCC Working Paper, No. 99 − 8, University of California, Berkeley.

［250］ Teece, D J. , G. Pisano and A. Schuen, (1997). "Dynamic Capabilities and Strategic Management". Strategic Management Journal, 18 (7): 509 − 533.

［251］ Teigland, Robin and Molly Mclure Wasko (2003). "Integrating Knowledge through Information Trading: Examining the Relationship Between Boundary Spanning Communication and Individual Performance". Decision Sciences, 34 (2): 261 − 286.

［252］ Tirole, J. (1988). "The Theory of Industrial Organization". Cambridge, MA: MIT Press.

［253］ Truran, W. R. (1998). "Pathways for Knowledge: How Companies Learn through People Engineering". Management Journal, 10 (4): 15 − 20.

［254］ Tucker, I. B. and R. P. Wilder (1977). "Trends in Vertical Integration in U. S. Manufacturing Sector". The Journal of Industrial Economics, 26 (1): 81 − 94.

［255］ Von Hippel, E. (1994). "Sticky Information' and the Locus of Problem Solving: Implications for Innovation". Management Science, 40 (4): 429 − 439.

［256］ Vosburgh K. G. , Newbower R. S. (2002). "Moore's Law, disruptive technologies, and the clinician". Stud Health Technol Inform, 85: 8 − 13.

［257］ Walker, G. and D. Weber (1984). "A Transaction Cost Approach to Make-or-Buy Decisions". Administrative Science Quarterly, 29: 373 − 391.

［258］ Walker, G. and D. Weber (1987), Supplier Competition, Uncertainty, and Make-or-Buy Decisions, Academy of Management Journal, 30 (3):

569 – 596.

［259］Weiss, L. M. (1998). "Collection and Connection: Rationalized and Embedded Knowledge in Knowledge-Intensive Organizations". Unpublished Dissertation, Harvard University, Cambridge, MA.

［260］Wernerfelt, B. (1984). "A Resource-Based View of the Firm". Strategic Management Journal, 5 (2): 171 – 180.

［261］Williamson, Oliver E. (1971) . "The Vertical Integration of Production: Market Failure Considerations". American Economic Review, 61: 112 – 123.

［262］Williamson, Oliver E. (1985). "The Economic Institutions of Capitalism". New York: Free Press.

［263］Williamson, Oliver E. (1996). "The Mechanisms of Governance". Oxford: Oxford University Press.

［264］Williamson, Oliver E. (1998) . "Human Actors and Economic Organization". Paper for the 1998 Paris IS-NIE conference.

［265］Williamson, O. E. (1999). "Strategy Research: Governance and Competence Perspectives". Strategic Management Journal, 20 (12): 1087 – 1108.

［266］Winter, S. G. (1987). "Knowledge and Competence as Strategic Assets". In D. J. Teece (Eds.), The Competitive Challenge: Strategies for Industrial Innovation and Renewal, New York: Ballinger.

［267］Winter S. G. (2003). "Understanding dynamic capabilities". Strategic Management Journal, Special Issue, 24 (10): 991 – 995.

［268］Wong, W. L. P. and D. F. Radcliffe (2000). "The Tacit Nature of Design Knowledge". Technology Analysis and Strategic Management, 12 (4): 493 – 512.

［269］Zack, M. H. (1999). "Developing a Knowledge Strategy, California Management Review". 41 (3): 125 – 145.

［270］ Zollo, Maurizio and Sidney G. Winter (2002). "Deliberate Learning and the Evolution of Dynamic Capabilities". Organization Science, 13 (3): 339 – 351.

［271］ Zorn, P. , L. Marshall and M. Paned (1997). "Surfing Corporate Intranets: Search Tools that Control the Undertow". Online, 21 (3): 30 – 51.

后　记

　　本书是我在博士学位论文的基础上整理完善而成的，在论文框架的基础上，进一步补充完善了相关实证研究，重新更新了相关数据。本书的写作、出版，是一个挑战自我的心路历程，个人的付出不言而喻，同时又凝结了众多人的真知灼见和鼎力相助，否则要想顺利完成是难于想象的。

　　首先要感谢的是我的导师王珺教授。他渊博的学识、严谨的治学态度、独特的视角和敏锐的见解给我留下了深刻的印象。老师在生活上给予了无微不至的关心，没有他的帮助，我不可能如此专心地求学。老师更是在学业上给予了细心、认真地指导。从平时的学习，到博士论文的选题、构思、写作，都得到了老师不倦的指点。老师每每在讨论会上的点评，都有如一缕春风，令在迷途中的我豁然开朗。师恩难忘！

　　感谢丘海雄教授、杨永福教授、李胜兰教授，在我论文的开题、写作、预答辩阶段提出了诸多宝贵的意见，这对论文的写作和修改起着重要作用。感谢李新春教授、吴能全教授、李非教授、李善民教授、储小平教授，他们在课堂中传授的种种观点为论文的选题、写作提供了帮助。感谢中山大学港澳珠江三角洲研究中心的毛艳华教授，在与他的讨论中本人获益颇多。此外，还要感谢我在硕士求学阶段的导师龚唯平教授。他引领我进入学术研究的殿堂，每次与他交谈都能获得诸多的收益。

　　读书期间，还与诸多同学一起相互交流、探讨，建立了深厚的情谊。他（她）们包括：王峥、赵详、侯广辉、史永俊、方建国、刘棕会、吴迎新、岳芳敏、郑筱婷、段润来、万陆、龚晓瑾、梁莹等同门师兄姐弟妹；聂永有、湛正群等同班同学，以及广东外语外贸大学的邓可斌教授。衷心感谢邓可斌教授在论文数据处理方面予以的无私帮助。

最后我要感谢我的家人。我的父母都在农村，深感教育对于农村孩子的重要，他们一直无悔地支持我的求学生涯。家人的支持是我学习和工作的坚强支柱，是我勇往直前的动力。感谢家人，衷心祝福他们幸福、安康。

蔡进兵

2013 年于广州